코치와 선수가 함께 활용하는

탁구
연습메뉴
200

하리모토 유 지음

양지윤 옮김

SAMHO BOOKS

탁구는 어린이부터 고령자까지 누구나 즐길 수 있는 매력적인 스포츠다.

내가 탁구를 알게 된 건 일곱 살 무렵이었다. 집 근처 야외에 탁구대 비슷한 테이블이 있었는데, 거기서 처음 탁구를 경험했다. 그러다 랠리를 이어갈 수 있게 되고, 친구와의 시합에서도 이기게 되면서 점점 탁구에 빠져들었다. 그 후에는 중국 프로 탁구 선수로 활동하다가 일본으로 와서 코치를 하고 있다.

나는 지도할 때 정확한 자세로 타구하는 법과 볼에 힘을 제대로 전달하기 위한 몸 사용법에 중점을 둔다. 또한, 각 선수의 개성에 맞춰 그들의 잠재력을 최대한 끌어내는 게 중요하다고 생각하여 지도자로서 늘 이 점에 신경을 쓴다.

외부 사람들로부터 "어떤 연습을 주로 하는지"에 대한 질문을 자주 받지만, 특별한 건 없다. 이 책에서도 알 수 있듯 기본에 충실한 연습 메

뉴들이다. 선수들의 수준이 높아지면 타구의 질과 상대측 송구의 질을 높일 뿐, 내용에 큰 차이는 없다.

탁구 실력이 좋아지려면 '시합 후 승패에 상관없이 복기하고 부족한 부분을 연습'하는 것이 중요하다. 또한, 평소에 연습할 때도 실제 경기 상황을 염두에 두고 진지하게 임해야 한다. 처음부터 모든 것을 다 잘 하는 선수는 없다. 좌절하지 않고 꾸준히 분석과 연습을 반복하면 누구나 좋은 결과를 얻을 수 있을 것이다.

이 책이 여러분의 탁구 실력 향상에 도움이 되기를 바란다.

하리모토 유

이 책의 사용법

각 연습 메뉴 보는 법

사진과 그림을 통해 연습 방법을 알기 쉽게 설명한다.

연습 메뉴명

연습 메뉴명과 번호를 표시한다.

기술 해설

탁구 기술을 소개하고, 어느 부분을 집중적으로 훈련하면 좋을지 설명한다.

사진·순서

사진과 설명을 통해 연습 방법을 소개한다. 설명을 읽으며 연습 전반의 흐름을 이해하고, 사진을 보며 움직임을 파악한다.

조언

연습 포인트와 요령을 설명한다.

☑ **CHECK!**

연습할 때의 주의 사항과 포인트를 설명한다.

책의 구성

이 책은 탁구의 기본 자세와 타법 등을 설명한 '기술 해설'과 기술 습득을 위한 '연습 방법'을
9개의 장으로 나눠 소개한다.

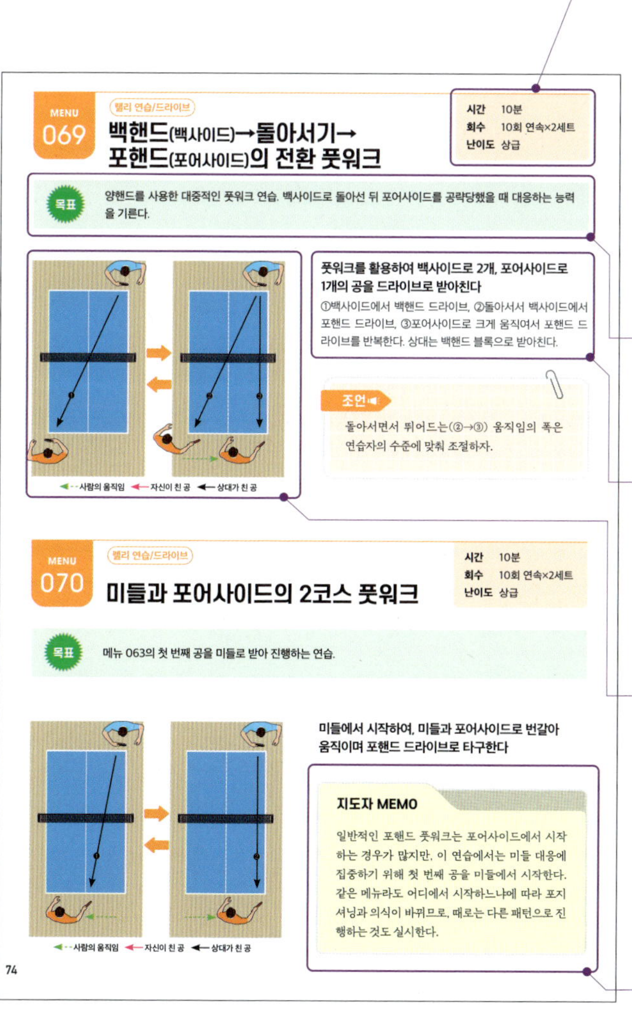

연습 데이터

메뉴별 실시 횟수와 시간, 난이도를 표시한다. 메뉴의 난이도는 아래의 조건에 맞춰 초급, 중급, 상급으로 나누어 실시한다.

초급: 코스를 정해서 실시하는 연습

중급: 코스가 규칙적이지만, 풋워크를 추가한 연습

상급: 코스를 무작위(랜덤)로 실시하는 연습

목표

연습 목적과 기술 습득의 목적을 설명한다.

설명

탁구대 그림을 활용한 메뉴는 공의 이동 경로와 선수의 동작을 글과 함께 설명했다.

탁구대 그림

일부 메뉴는 탁구대 그림을 활용하여 연습 방법을 설명했다. 송구자의 코스는 검은색, 연습자의 코스는 빨간색 화살표로 표시했다.

지도자 MEMO

지도자가 선수를 지도할 때의 주의 사항과 포인트를 정리했다.

✕NG NG 동작

하지 말아야 할 동작이나 저지르기 쉬운 실수를 지적한다.

CONTENTS

제3장 드라이브&랠리 강화

구체적인 목표 설정은 실력 향상의 첫걸음이다

실력을 높이려면 우선 목표가 있어야 한다. 목표가 없으면 의욕이 생기지 않고, 어떤 연습을 해야 할지 막막해진다. 따라서 선수의 나이와 수준이 어떻든 일단 목표부터 정하도록 하자.

목표는 '전국 우승'이나 '올림픽 출전'과 같이 크게 정하는 것도 좋지만, '20회 연속 랠리하기', '하회전 서비스 넣기', '대회에서 1회전 우승하기'처럼 소소하게 구체적으로 정하는 것이 더 중요하다. 하나의 목표를 달성하면 그다음 단계의 목표를 정하는 방식으로 실시하자. 목표를 달성하는 기쁨은 탁구의 재미로 이어지고, 이 과정을 반복함으로써 실력이 향상될 것이다.

목표가 너무 높으면 중간에 포기하기 쉽고, 너무 간단하면 재미가 없을 수 있다. 따라서 지도자는 선수의 성격과 수준을 고려하여 적절한 목표를 설정할 수 있도록 하자.

화만 내는 지도는 하지 않는다

지도할 때는 선수에 따라 말투와 지도 강도를 달리하도록 신경 쓰자.

선수마다 성격이 제각각이고 의욕의 크기도 다르기 때문에 획일적으로 엄격하게 지도해봤자 실력이 좋아지지는 않는다. 꼭 해야 할 말이 있다면 선수가 받아들이기 쉬운 표현을 골라 전달하려고 노력하자. 물론 실력이 좋아지려면 엄격한 지도도 필요하나, 감정적으로 화만 내는 지도는 하지 않도록 주의해야 한다.

나는 자식인 하리모토 토모카즈 선수와 하리모토 미와 선수를 지도할 때도 그다지 엄격하게 대하지 않는다. 하지만 둘 다 탁구에 둘러싸인 환경에서 자란 덕분에 연습을 싫어한 적이 없었고, 승부욕이 강해 연습을 게을리한 적도 없었다.

선수 수준에 따라 다구와 랠리 연습을 구분하여 실시한다

탁구 연습은 선수끼리 공을 주고받는 '랠리 연습'과 송구자가 계속 보내주는 공을 치는 '다구 연습' 두 가지가 있다. 이를 선수의 수준과 연습 내용에 따라 적절히 조합하여 진행하는 것이 실력 향상의 포인트다.

다구 연습은 실책을 범하더라도 곧바로 다음 공이 오기 때문에, 플레이가 끊기지 않고 단시간에 몇 번이든 타구할 수 있다는 장점이 있다. 기술 하나를 집중적으로 훈련하기에 가장 좋은 연습이므로, 초급 수준의 선수들이 기술을 익힐 때는 다구 연습부터 실시하자.

랠리 연습은 실전에 가까운 구질과 타이밍으로 플레이할 수 있어서, 서비스 후 3구째나 5구째에 공격하는 패턴 등을 훈련하기에 알맞다. 연습 목적에 따라 이 두 가지를 구분하여 실시하자. 풋워크 연습을 예로 들면, 단순히 발의 움직임을 익힐 때는 다구 연습을 실시하고 실전에 가까운 동작을 익힐 때는 랠리 연습을 실시하는 것이다. 랠리 연습은 다구 연습을 할 때보다 '실책을 범하면 안 된다'라는 마음이 더 강해지므로, 집중력과 타구의 안정성이 높아지는 장점이 있다.

다구 연습

- 연습 효율이 높다
- 기술 습득에 적합하다
- 초보자 연습에 알맞다

랠리 연습

- 실전에 가까운 구질로 연습할 수 있다
- 실전에서의 안정성이 향상된다

선수를 위한 어드바이스

탁구공을 많이 치자

탁구 실력을 향상시키려면 타구를 많이 하면서 공 다루는 감각을 익히는 것이 중요하다. 정상급 선수는 선천적으로 감각이 좋아서가 아니라 다른 선수보다 공을 더 많이 친 경험 덕분에 강한 법이다.

예를 들면, 연습할 때 휴식 시간에도 라켓과 공을 가지고 놀거나 집에서도 서비스 연습을 하는 식이다. 팀에서의 연습량으로 부족하다고 느끼면 별도의 장소에서 추가로 연습하도록 하자. 그런 식으로 공을 많이 다루다 보면 반드시 실력이 향상될 것이다.

자세를 체크하면서 연습한다

탁구는 올바른 자세로 타구하는 것도 중요하다. 나는 주니어 시절, 지도자 없이 독자적으로 연습한 탓에 도중에 정체기를 겪어야 했고, 시니어가 된 이후에도 자세를 교정하느라 진땀을 뺐다. 그러한 경험 때문에 지도할 때 특히 선수의 자세에 신경을 쓴다.

요즘은 인터넷에서 정상급 선수의 경기를 볼 수 있고, 스마트폰으로 자신의 플레이를 촬영할 수도 있다. 지도자 없이 훈련하는 선수는 동영상을 잘 활용하여 실력이 우수한 선수와 본인의 차이가 무엇인지 자세를 체크하며 연습하자.

실전으로 이어지는 연습을 많이 하자

경기에서 좀처럼 이기지 못한다면 실전과 동떨어진 연습을 하고 있을 가능성이 크다. 이 경우에는 실전 감각을 익힐 수 있게 메뉴를 구성하자.

예를 들어 기본 풋워크를 연습할 때는 상회전 서비스로 시작하는 경우가 많은데, 실전에서는 이 서비스를 사용하지 않는다. 이래서는 연습하는 의미가 없으므로, 경기에서 주로 사용하는 하회전 서비스로 시작한 후 3구째 드라이브로 연결하며 풋워크 연습을 하자. 이렇게 하면 실전에 가까운 연습을 할 수 있고, 서비스와 3구째 공격 패턴, 풋워크를 강화할 수 있다.

이처럼 실전에 도움되지 않는 타구나 연습은 없애고, 경기에서 주로 사용하는 기술을 집중적으로 훈련하자. 이를 바탕으로 본인의 강점을 키워 간다면 반드시 승리할 수 있을 것이다.

탁구대

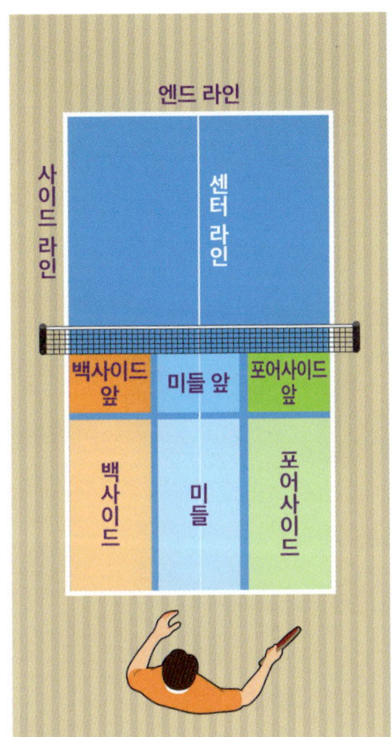

탁구대에서 라켓을 쥔 쪽은 포어사이드, 반대쪽은 백사이드, 중앙은 미들이라고 하며 각 구역에서 네트에 가까운 쪽은 포어사이드 앞, 미들 앞, 백사이드 앞이라고 한다. 탁구대에서 네트의 평행 방향 끝에 있는 선은 엔드 라인, 옆에 있는 선은 사이드 라인, 중앙에 있는 선은 센터 라인이다.

코스

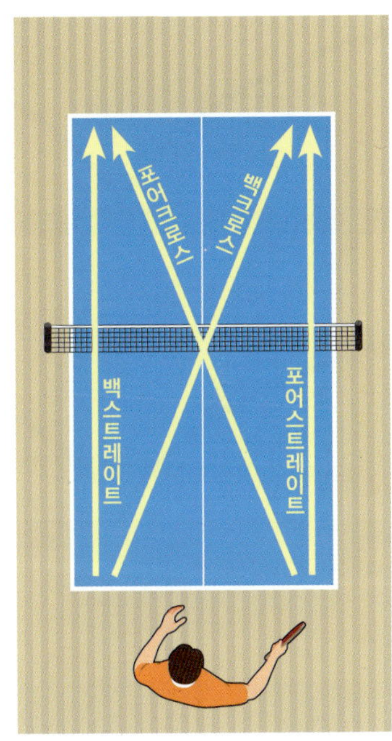

타구 코스에서 대각선 방향으로 공을 보내면 크로스, 사이드 라인과 평행으로 보내면 스트레이트라고 한다. 포어사이드에서 타구하면 포어크로스, 포어스트레이트이고 백사이드에서 타구하면 백크로스, 백스트레이트가 된다.

공의 깊이와 서는 위치

엔드 라인 근처로 오는 공은 '깊다', 네트 가까이 오는 짧은 공은 '얕다'라고 표현한다.

탁구대와의 거리를 나타내는 말로 탁구대에서 가까운 위치는 전진, 2~3m 떨어진 위치는 후진, 그 중간을 중진이라 한다.

공의 회전

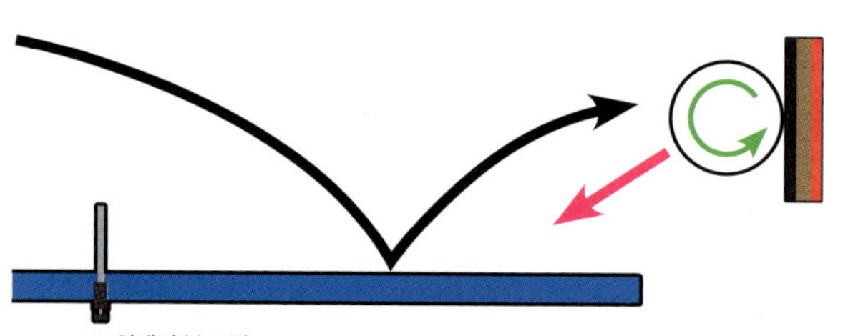

| 상회전

전진 회전. 라켓에 맞으면 회전의 영향을 받아 위쪽으로 튀어 오르는 성질이 있다.

관련 기술: 포핸드, 백핸드, 드라이브 등

| 하회전

백스핀. 라켓에 맞으면 아래쪽으로 튕기는 성질이 있다.

관련 기술: 푸시, 커트, 하회전 서비스 등

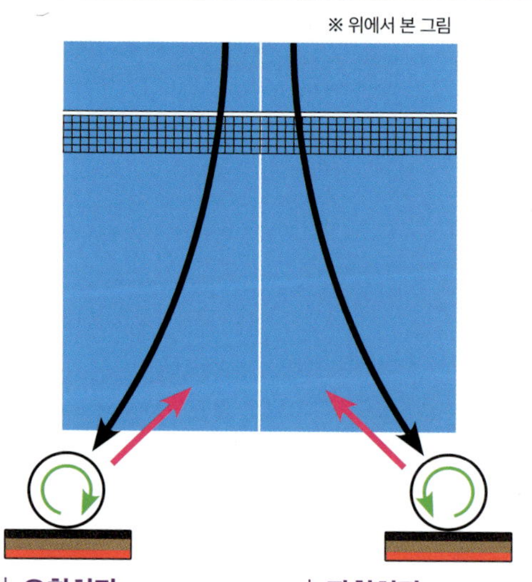

| 우횡회전

위에서 봤을 때 시계 방향으로 회전한다. 받는 쪽에서 보면, 공이 왼쪽으로 휘고 라켓에 맞으면 오른쪽으로 튀는 성질이 있다.

| 좌횡회전

위에서 봤을 때 반시계 방향으로 회전한다. 받는 쪽에서 보면, 공이 오른쪽으로 휘고 라켓에 맞으면 왼쪽으로 튀는 성질이 있다.

| 횡상회전 횡하회전

사선 방향의 회전. 상·하회전과 횡회전의 중간 성질을 띤다.

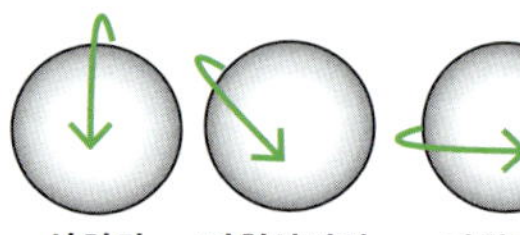

※ 정면에서 본 그림
(공이 코트 뒤쪽에서 앞쪽으로 이동)

| 너클

공에 회전이 걸리지 않는 무회전 상태를 말한다.

제 1 장

기본 랠리 기술

먼저 기본 테크닉인 포핸드와 백핸드를 연습한다. 공을 익숙하게 다룰 수 있도록 연습하여 안정적으로 랠리를 이어갈 수 있도록 하자.

탁구의 기본

그립

인원수 1인
난이도 초급

목표 악수하듯 잡는 셰이크핸드 그립. 중지와 약지, 새끼손가락 세 개로 손잡이를 쥔 뒤 엄지와 검지로 라켓의 목 부분을 감싸는 기본 그립을 익힌다.

셰이크핸드 그립(하시모토 토모카즈 선수의 예시)

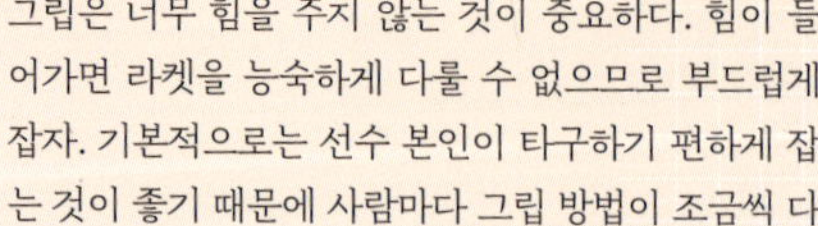

그립은 너무 힘을 주지 않는 것이 중요하다. 힘이 들어가면 라켓을 능숙하게 다룰 수 없으므로 부드럽게 잡자. 기본적으로는 선수 본인이 타구하기 편하게 잡는 것이 좋기 때문에 사람마다 그립 방법이 조금씩 다르다. 토모카즈 선수의 경우 다른 선수에 비해 상당히 가볍게 잡는다(엄지와 검지 사이가 라켓에서 떨어진 상태). 너무 깊이 잡으면 힘을 주기 어렵기 때문이다.

(탁구의 기본)

기본 자세

인원수 1인
난이도 초급

목표　기본 자세는 몸의 균형과 타구의 안정성, 민첩한 풋워크 등으로 이어지는 중요한 요소다. 늘 바른 자세로 플레이하자.

무릎을 가볍게 구부리고 몸의 긴장을 푼다

① 스탠스(오른발과 왼발 사이의 폭)를 어깨너비로 벌린다.
② 무릎을 약간 구부린다.
③ 상체를 앞으로 조금 숙인다.
④ 라켓을 몸 앞에 두고 준비한다.
⑤ 온몸의 긴장을 푼다.

☑ CHECK!

스탠스는 너무 넓지도, 좁지도 않게 어깨너비만큼 벌린다. 또한, 무릎을 완전히 펴지 않도록 주의한다.

☑ CHECK!

테이블과의 거리가 너무 가깝거나 멀지 않도록 하고, 타구하기 편한 위치에 선다.

기술/스트로크

포핸드 스트로크

횟수　20회×2세트
난이도　초급

1　날아오는 공에 맞춰 라켓을 몸의 오른쪽 뒤로 뺀다

☑ CHECK!

팔의 힘으로 라켓을 뒤로 빼지 말고, 허리를 오른쪽으로 비틀어 뺀다. 이렇게 해야 타구가 안정되고 강한 공을 치기 쉬워진다.

☑ CHECK!

무릎을 가볍게 구부린 상태로 타구한다. 완전히 펴 버리면 허리 회전을 사용하기 어렵고 풋워크도 둔해진다.

기술 해설	탁구에서 가장 기본적인 테크닉. 오른쪽(라켓을 쥔 쪽)으로 오는 공을 치는 타법으로, 라켓의 포핸드 면 (엄지 쪽)을 사용해 몸의 측면에서 공을 타구한다.

② 전방으로 스윙하여 몸의 사선 앞에서 타구한다

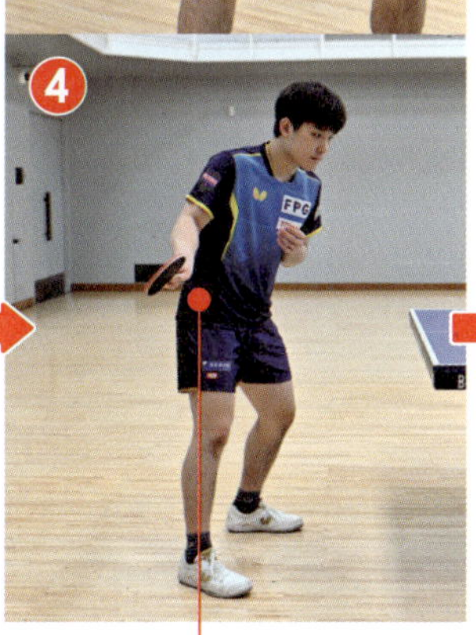

☑ CHECK!

라켓은 복부 높이에서 휘두르기 시작하여 사선 위쪽으로 스윙한다. 스윙 마지막에는 얼굴 앞에서 라켓을 멈춰야 한다. 과하게 휘두르거나 내려찍듯이 스윙하지 않는다.

손목은 꺾지 말고 팔꿈치부터 라켓까지 일직선 상태로 스윙한다. 오른쪽 사진처럼 손목을 바깥으로 꺾으면 공을 정확히 잡을 수 없어 통제하기 어려우므로 주의하자.

21

백핸드 스트로크

횟수	20회×2세트
난이도	초급

① 몸 앞에서 라켓을 들고 준비하다가 공의 움직임에 맞춰 몸쪽으로 살짝 당긴다

앞에서 봤을 때

옆에서 봤을 때

☑ CHECK!

타구할 때 되도록 팔꿈치를 움직이지 않도록 한다. 팔꿈치가 앞뒤로 움직이거나 흔들리면 타구가 불안정해져서 미스가 나오게 된다.

☑ CHECK!

팔꿈치를 기점으로 복부 앞에서 오른쪽 사선 위로 스윙한다. 앞으로 곧장 밀어내듯이 스윙하지 않는다.

기술 해설

포핸드 스트로크와 함께 가장 먼저 익혀야 할 기초 타법으로, 왼쪽(라켓을 쥐지 않은 쪽)으로 공이 날아올 때 구사하는 기술이다. 라켓의 백핸드 면(검지 쪽)을 사용하며 몸 정면에서 타구한다.

② 팔꿈치를 고정한 채 오른쪽 사선 위로 스윙한다

조언

초보자는 공을 주고받는 랠리 연습을 수행하기 어려우므로, 먼저 다구 연습을 통해 타구 타이밍과 힘 조절에 대한 감각을 익히자.

(다구 연습/스트로크)

포핸드 스트로크의 풋워크(포핸드 하프/다구)

횟수 20회×2세트
난이도 중급

목표 먼저 다구 연습으로 포핸드 스트로크의 기초를 다진다. 처음 연습할 때부터 풋워크 훈련을 병행하여, 움직이면서 타구하는 감각을 몸에 익힌다.

① 포어사이드로 오는 상회전 공을 포핸드 스트로크로 타구한다

☑ **CHECK!** 허리를 비틀어 라켓을 뒤로 빼는 포핸드 스트로크의 기본을 의식하며 공을 친다.

② 몸을 앞으로 향한 채 왼쪽으로 이동한다

☑ **CHECK!** 좌우로 움직일 때는 몸을 앞으로 향한 채 이동한다.

③ 미들(테이블 중앙)에서 포핸드 스트로크로 타구한다

☑ **CHECK!** 공이 날아가는 코스도 의식하며 타구한다. 이 연습을 할 때는 송구자의 포어사이드 쪽으로 받아친다.

④ 몸을 앞으로 향한 채 오른쪽으로 이동한다 (①로 돌아가기)

☑ **CHECK!** 타구 후 포어사이드로 이동한다. 공을 치면서 이동하지 않도록 주의하자.

MENU 006

다구 연습/스트로크

포핸드 스트로크의 풋워크(백핸드 하프/다구)

횟수	20회×2세트
난이도	중급

목표 메뉴 005를 백사이드(백핸드 하프)에서 타구하는 연습. 백사이드에서 움직이며 포핸드 스트로크로 받아치는 기술을 몸에 익힌다.

① 백사이드로 이동해서 포핸드 스트로크로 타구한다

② 미들로 이동해서 포핸드 스트로크로 타구한다

MENU 007

다구 연습/스트로크

백핸드 스트로크의 풋워크(백핸드 하프/다구)

횟수	20회×2세트
난이도	중급

목표 백핸드 스트로크 또한 이동하면서 타구하는 연습을 통해 기초를 다진다. 실전 랠리에서 발을 빠르게 움직일 수 있으려면 처음 배우는 단계에서부터 풋워크 연습을 도입하는 것이 좋다.

백사이드와 미들(1개씩 교대)에서 백핸드 스트로크로 타구한다

조언

백핸드는 항상 몸 정면에서 공을 타구하는 것이 중요하다. 단순히 좌우로 움직이기만 할 게 아니라 '공의 위치에 따라 발을 움직여 몸 정면에서 공을 잡는 것'을 의식하자.

(다구 연습/스트로크)

포핸드와 백핸드 스트로크의 전환(좌우 이동)

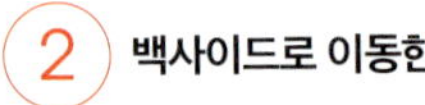

횟수　20회×2세트
난이도　중급

목표　포핸드와 백핸드 스트로크로 '전환하는 연습'을 통해 양쪽 테크닉을 매끄럽게 구사할 수 있도록 한다.

① 포어사이드에서 포핸드 스트로크로 타구한다

☑ **CHECK!**　백사이드로 이동하면서 타구하지 않도록 주의한다.

② 백사이드로 이동한다

☑ **CHECK!**　백사이드로 이동하면서 백핸드 스트로크를 준비한다.

③ 백사이드에서 백핸드 스트로크로 타구한다

☑ **CHECK!**　몸 정면에서 공을 잡을 수 있도록 몸의 위치를 공에 맞춰 세밀히 조정한다.

④ 포어사이드로 이동한다(①로 돌아가기)

☑ **CHECK!**　포어사이드로 이동하면서 포핸드 스트로크를 준비한다.

MENU 009

포핸드와 백핸드 스트로크의 전환(백사이드)

횟수	20회×2세트
난이도	중급

목표 백사이드에서 양핸드를 전환하는 연습. 백사이드로 온 공을 포핸드 스트로크로 타구하기 위해 '돌아서기' 동작을 익힌다.

① 백사이드에서 백핸드 스트로크로 타구한다

② 백사이드로 돌아선다

③ 백사이드에서 포핸드 스트로크로 타구한다

④ 백핸드 자세로 돌아온다(①로 돌아가기)

조언

돌아서기는 매우 중요한 동작이므로, 초급 단계에서부터 익숙해져야 한다. 백사이드로 움직이면서 라켓을 뒤로 뺀 다음 포핸드 스트로크로 연결해보자. 이동한 뒤에는 몸이 정면이 아닌 상대를 향해야 한다.

3코스 공략 연습(포핸드 스트로크)

횟수 20회×2세트
난이도 중급

목표
목표 지점으로 받아치기 위한 기본 연습. 포어사이드, 미들, 백사이드 코스로 공을 정확히 보낼 수 있도록 한다.

조언

초보자는 타구가 대각선 코스(크로스) 쪽으로 치우치는 경향이 있으므로, 초급 단계에서부터 다양한 코스로 공을 치는 연습을 하는 것이 좋다. 모든 테크닉을 포어사이드, 미들, 백사이드로 구사할 수 있도록 연습하자.

MENU 011

랠리 연습/스트로크

포핸드 랠리(포어크로스)

횟수	20회×2세트
난이도	초급

목표 다구 연습으로 기본을 익혔다면 상대와 공을 주고받는 랠리 연습을 실시한다. 랠리 중에도 바른 타구 자세를 유지한다.

포핸드 대 포핸드로 랠리를 이어간다

☑ **CHECK!**

서두르지 말고 여유로운 템포로 랠리를 이어간다. 상대가 치기 쉬운 코스로 공을 보내는 데 집중한다.

MENU 012

랠리 연습/스트로크

백핸드 랠리(백크로스)

횟수	20회×2세트
난이도	초급

목표 백핸드 대 백핸드 랠리를 안정적으로 이어간다. 랠리 중에는 발의 움직임에도 집중한다.

백핸드 대 백핸드로 랠리를 이어간다

조언

백핸드 스트로크는 자세도 중요하지만, 공의 위치에 따라 발을 움직이는 것 또한 중요하다. 백핸드 스트로크를 할 때는 항상 몸 앞에서 공을 잡자.

(랠리 연습/스트로크)

포핸드 랠리(백크로스)

횟수　20회×2세트
난이도　초급

목표　백크로스에서 포핸드 랠리를 이어가며 포핸드 스트로크의 기술력을 높인다.

포핸드 대 포핸드로 랠리를 이어간다

조언

포핸드 랠리 연습을 할 때는 포어크로스뿐만 아니라 백크로스에서도 연습하자. 다양한 코스로 훈련해야 기초 실력과 대응력이 높아진다.

MENU
014

(랠리 연습/스트로크)

스트레이트 코스로 포핸드 대 백핸드 랠리

횟수　20회×2세트
난이도　초급

목표　사이드 라인과 평행인 '스트레이트' 코스로 타구하는 법을 익힌다. 서로 포핸드와 백핸드 양쪽으로 실시한다.

포핸드(뒤쪽 선수) 대 백핸드(앞쪽 선수)로 랠리를 이어간다

조언

기본기 훈련을 할 때는 대각선(크로스) 코스뿐만 아니라, 스트레이트 코스로도 타구 연습을 실시하자. 스트레이트는 크로스보다 거리가 짧고 공이 아웃되기 쉬우므로 힘의 강도를 조절해야 한다.

랠리 연습/스트로크

포핸드 스트로크의 풋워크(포핸드 하프/랠리)

횟수　10회×2세트
난이도　중급

목표　메뉴 005의 랠리 연습 버전. 풋워크를 추가한 연습을 통해, 움직이면서 정확히 받아칠 수 있도록 한다.

상대가 포어사이드와 미들(1개씩 교대)로 백핸드 스트로크하면,
풋워크하며 움직여 상대의 백사이드로 포핸드 스트로크한다

☑ CHECK!

상대의 타구를 잘 보며 날아오는 공의 위치에 따라 움직이는 데 집중한다. 처음에는 여유로운 템포로 실시한다.

랠리 연습/스트로크

포핸드 스트로크의 풋워크(백핸드 하프/랠리)

횟수　10회×2세트
난이도　중급

목표　메뉴 006의 랠리 연습 버전. 백사이드에서의 타구와 테이블 옆으로 돌아서기 동작을 강화한다.

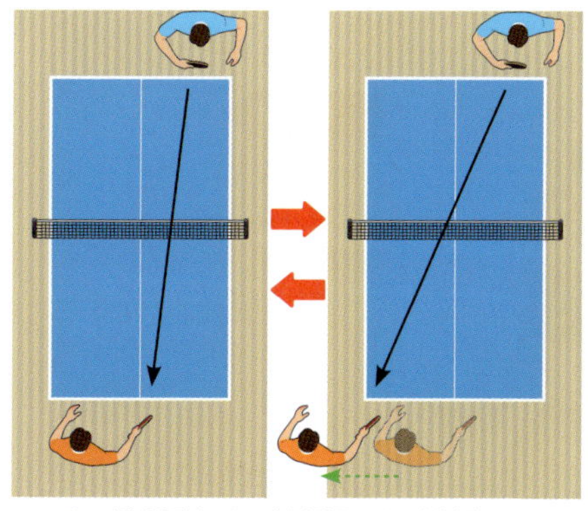

1 미들에서 포핸드 스트로크한 다음 백사이드로 이동한다

상대의 백사이드 쪽으로 포핸드 스트로크한다. 타구한 후에는 백사이드로 재빨리 이동한다.

2 백사이드에서 돌아서서 포핸드 스트로크한 다음 미들로 이동한다

상대가 백사이드로 공을 보내면 돌아서서 포핸드 스트로크한다. 타구한 후에는 미들 쪽으로 돌아와 ① ~ ② 를 반복한다.

랠리 연습/스트로크

백핸드 스트로크의 풋워크(백핸드 하프/랠리)

횟수 10회×2세트
난이도 중급

목표 풋워크를 추가한 백핸드 랠리 연습. 몸 정면에서 공을 치는 데 집중하면서 안정적으로 랠리를 이어간다.

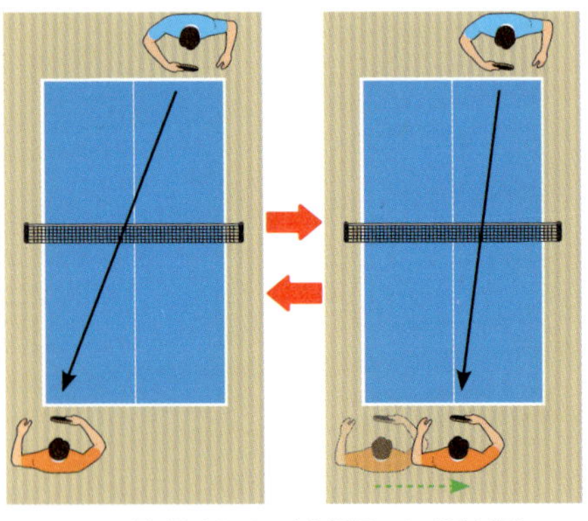

1 백사이드에서 백핸드 스트로크한 다음 미들로 이동한다

상대의 백사이드 쪽으로 백핸드 스트로크한다. 타구한 후에는 미들로 재빨리 이동한다.

2 미들에서 백핸드 스트로크한 다음 백사이드로 이동한다

상대가 미들로 공을 보내면 백핸드 스트로크한다. 타구한 후에는 백사이드로 돌아와 ①~②를 반복한다.

랠리 연습/스트로크

포핸드와 백핸드 스트로크의 전환(1개씩)

횟수 10회×2세트
난이도 중급

목표 메뉴 008의 랠리 버전. 랠리 중에 포핸드와 백핸드로 부드럽게 전환할 수 있도록 한다.

포어사이드에서는 포핸드 스트로크, 백사이드에서는 백핸드 스트로크로 타구한다

연습할 때 좌우로 이동하면서 스윙하지 않도록 주의하자. 그렇게 하면 타구가 불안정해진다. '공을 치고 나서 움직이는' 것에 집중하자.

MENU 019

포핸드와 백핸드 스트로크의 전환(2개씩)

횟수 10회×2세트
난이도 중급

목표 메뉴 018을 2개씩 실시하는 버전. 실전에서 나올법한 다양한 랠리를 가정하여 각각 1개씩이나 2개씩 복수의 패턴으로 연습해 전환 동작을 강화한다.

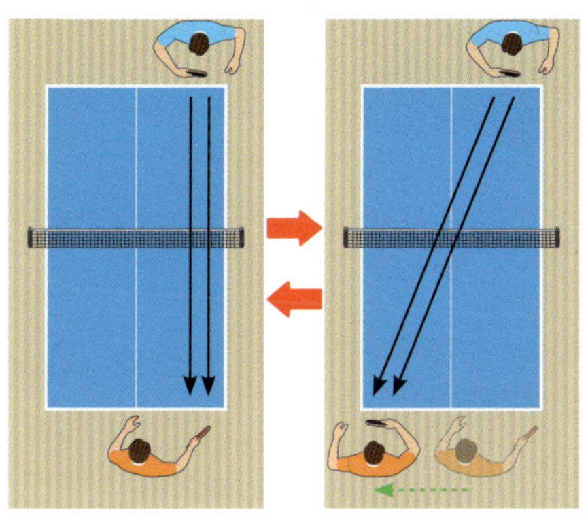

① **포어사이드에서 두 번 연속 포핸드 스트로크로 타구한다**

상대가 두 번 연속 포어사이드로 치는 공을 포핸드 스트로크로 받아친다.

② **백사이드에서 두 번 연속 백핸드 스트로크로 타구한다**

재빨리 백사이드로 이동한 뒤 상대가 두 번 연속 백사이드로 치는 공을 백핸드 스트로크로 받아친다. ①~②를 반복한다.

MENU 020

백핸드→돌아서기의 전환(랠리)

횟수 10회×2세트
난이도 중급

목표 메뉴 009의 랠리 연습 버전. 랠리 중에 백핸드 스트로크한 후 포핸드 스트로크로 강하게 치기 위해 돌아서는 동작을 익힌다.

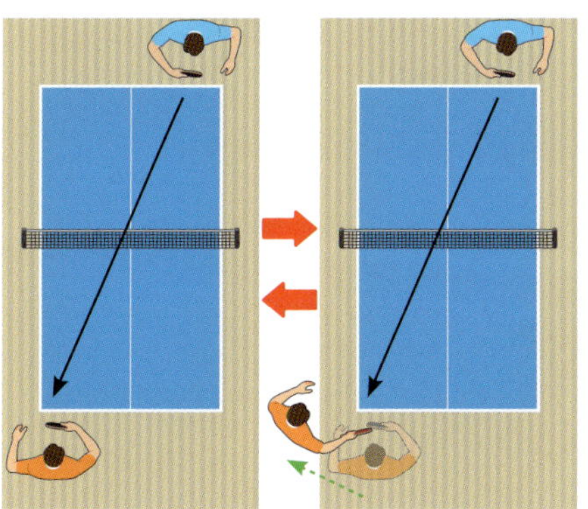

① **백사이드에서 백핸드 스트로크로 타구한다**

② **백사이드로 돌아서서 포핸드 스트로크로 타구한다**

☑ **CHECK!**

돌아서서 포핸드 스트로크할 때 왼쪽(백핸드 쪽)으로 몸이 기울면 복귀가 늦어지므로, 몸을 똑바로 유지하며 타구한다.

백핸드→돌아서기→ 포핸드 스트로크의 전환

횟수   10회×2세트
난이도   중급

목표 포핸드와 백핸드의 전환, 풋워크, 돌아서기 등 지금까지 배운 기술을 조합해 연습하면서 기본 동작을 익힌다.

2 백사이드로 돌아서서 포핸드 스트로크로 타구한다

3 포어사이드로 이동한 후 포핸드 스트로크로 타구한다(①로 돌아가기)

기본 풋워크와 전환에 익숙해졌다면, 위와 같이 좀 더 어려운 풋워크 연습에도 도전한다. 백사이드에서 포어사이드로 크게 움직일 때는 재빨리 이동하는 것이 중요하지만, 시간이 촉박하다면 ③에서 공을 받아치는 코스를 미들 근처로 바꿔서 이동 거리를 줄여도 된다. 풋워크 연습은 선수의 수준에 따라 난이도를 조절하여 실시하도록 하자.

MENU 022

포핸드 스트로크 코스 공략 연습

횟수	10회×2세트
난이도	중급

목표 포핸드 스트로크로 목표 지점을 정확히 공략하기 위한 연습. 익숙해지면 메뉴 010처럼 3코스 공략 연습으로 변형해도 좋다.

포핸드 스트로크를 좌우 방향으로 번갈아 친다(상대는 포핸드와 백핸드로 전환)

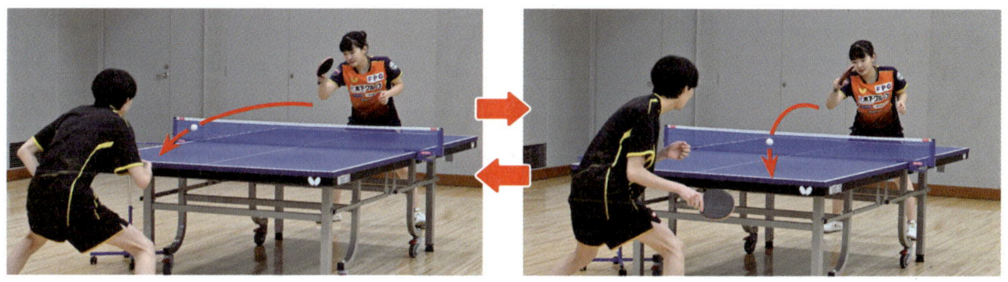

☑ **CHECK!** 공략한 코스로 정확히 치고 있는지 늘 의식한다.

☑ **CHECK!** 랠리 중에 발이 멈추지 않도록 주의한다. 공의 위치에 따라 움직이자.

MENU 023

백핸드 스트로크 코스 공략 연습

횟수	10회×2세트
난이도	중급

목표 메뉴 022의 백핸드 버전. 백핸드 스트로크로 목표 지점을 정확히 공략한다.

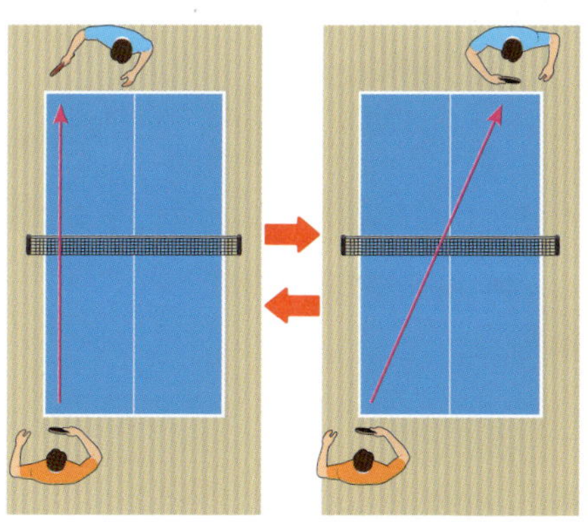

① 상대의 포어사이드 쪽으로 백핸드 스트로크한다

② 상대의 백사이드 쪽으로 백핸드 스트로크한다

조언

코스별 공략 연습은, 상대 입장에서는 전환과 풋워크 연습이 된다. 전환 연습에서 상대역을 맡으면, 자신에게는 코스별 공략 연습이라고 생각하면서 진지하게 임하도록 하자.

포핸드 서비스

시간	5분
난이도	초급

기술 해설 가장 기본적인 서비스. 왼손으로 공을 쥐고, 오른쪽에서 수직 위로 던진 다음(토스) '포핸드 스트로크(메뉴 003 참고)'와 같은 요령으로 타구한다. 자기 코트에 공을 바운드시킨 뒤 상대 코트로 넣는다.

① 공을 수직 위로 던지는 동시에 라켓을 살짝 뒤로 뺀다

② 포핸드 스트로크와 같은 느낌으로 타구한다. 자기 코트에 먼저 공을 바운드시킨 후 상대 코트로 넣는다

☑ **CHECK!**

타격하기 좋은 지점을 확인한 뒤 그 위치에서 공을 던진 다음 포핸드 스트로크와 같은 느낌으로 스윙한다.

조언

타구가 서툰 사람은 ① 에서는 공을 던지며 라켓을 뒤로 빼고, ② 에서는 라켓을 앞으로 휘두르는 리듬에 집중하자. 이렇게 하면 공의 타구 타이밍을 잡기 쉬워진다.

기술/백핸드 서비스

백핸드 서비스

| 시간 | 5분 |
| 난이도 | 초급 |

기술 해설 포핸드 서비스와 같이 기본적인 서비스. 몸 앞에서 공을 수직 위로 던진 다음 '백핸드 스트로크(메뉴 004 참고)'와 같은 요령으로 타구한다. 자기 코트에 공을 바운드시킨 뒤 상대 코트로 넣는다.

1 몸 앞에서 공을 던지는 동시에 라켓을 복부 쪽으로 당긴다

2 백핸드 스트로크와 같은 느낌으로 타구한다. 자기 코트에 먼저 공을 바운드시킨 후 상대 코트로 넣는다

☑ **CHECK!**

기본적으로 스윙은 백핸드 스트로크와 같다. 팔꿈치를 기점으로 스윙하여 복부 앞에서 공을 치도록 하자.

조언 모든 코스로 서비스를 넣을 수 있도록 포어사이드, 미들, 백사이드의 3코스(메뉴 010 참고)를 공략하여 연습하자.

(폼 연습/스트로크)

폼 연습(풋워크)

횟수 20회×2세트
난이도 초급

목표 타구 없이 하는 '폼 연습'으로, 포핸드 스트로크의 기본 자세와 풋워크 동작 등을 익힌다.

풋워크하면서 포핸드 스트로크 폼 연습을 한다

'포핸드→왼쪽으로 이동→포핸드→오른쪽으로 이동'을 반복한다(동작은 메뉴 005와 같음).

(폼 연습/양핸드)

폼 연습(전환)

횟수 20회×2세트
난이도 초급

목표 포핸드와 백핸드 스트로크의 폼 연습으로, 전환 동작을 매끄럽게 하는 동시에 풋워크 동작도 익힌다.

풋워크하면서 양핸드 폼 연습을 한다

'포핸드→왼쪽으로 이동→백핸드→오른쪽으로 이동'을 반복한다(동작은 메뉴 008과 같음).

조언

폼 연습을 할 때는 실제로 공을 치는 것처럼 스윙하자. 공이 없다고 대충 움직이면 연습 효과가 없다.

MENU 028

(감각 연습)

드리블 연습

횟수	10회×2세트
난이도	초급

목표 공과 라켓에 익숙해지고 타구 감각을 익히기 위한 연습. 포핸드 면, 백핸드 면 각각을 교대로 치거나 라켓 테두리로 치는 등 다양한 방법으로 실시한다.

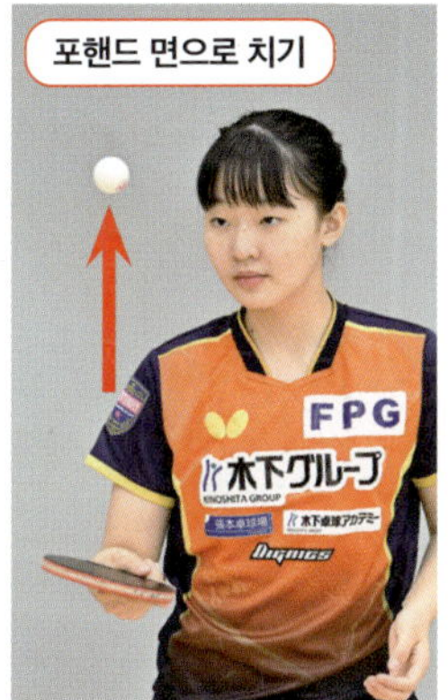

공을 수직 위로 던진 다음 연속으로 타구를 이어간다

☑ CHECK!

타구 면이 흔들리지 않도록 주의한다. 올바른 방향을 유지하며 안정적으로 이어가자.

MENU 029

(감각 연습)

벽치기

횟수	20회×2세트
난이도	초급

목표 벽을 향해 연속으로 공을 치면서 타구 감각을 기른다. 탁구대 사용이 불가능할 때 유효한 연습법 중 하나다.

벽을 향해 랠리를 이어간다

벽을 향해 공을 던진 다음 되돌아온 공을 받아치면서 연속으로 타구를 반복한다. 포핸드와 백핸드 양쪽으로 진행한다.

☑ CHECK!

공을 힘껏 치면 강하게 튕겨 돌아오므로, 적절히 힘을 조절하여 부드럽게 타구한다.

MENU 030

(감각 연습)

공중 랠리

횟수	10회×2세트
난이도	초급

목표 탁구대가 없는 상황에서, 서로 공을 주고받으며 랠리를 이어가는 연습을 통해 타구 감각을 기른다. 테이블 사용이 불가능할 때 유효한 연습법 중 하나다.

테이블을 사용하지 않고 둘이 노바운드로 공을 주고받는다

2m 정도 떨어져서 서로를 마주 본 채 공을 주고받으며 랠리를 이어간다. 상대가 치기 쉬운 강도와 위치 등을 고려하면서 공을 정확히 컨트롤한다.

MENU 031

(감각 연습)

포핸드 스트로크 개인 연습

횟수	20회×2세트
난이도	초급

목표 포핸드 스트로크의 기본을 습득하기 위해 혼자 실시하는 연습법. 백핸드 스트로크나 그 밖의 다른 기술을 익힐 때도 도움이 되는 방법이다.

테이블 위에 공을 바운드시킨 뒤 위에서 아래로 떨어지는 순간에 포핸드 스트로크로 타구한다

왼손에 공을 들고 테이블 위로 떨어뜨린 뒤, 튀었다가 떨어지는 순간에 포핸드 스트로크로 타구한다.

☑ **CHECK!** 올바른 자세로 공을 치려고 노력한다.

제 2 장

실전 테크닉

푸시와 드라이브 등 경기에서 필요한 테크닉을 배우는 동시에,
다양한 회전에 대응하는 능력을 기른다.

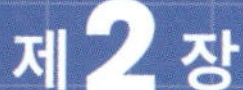

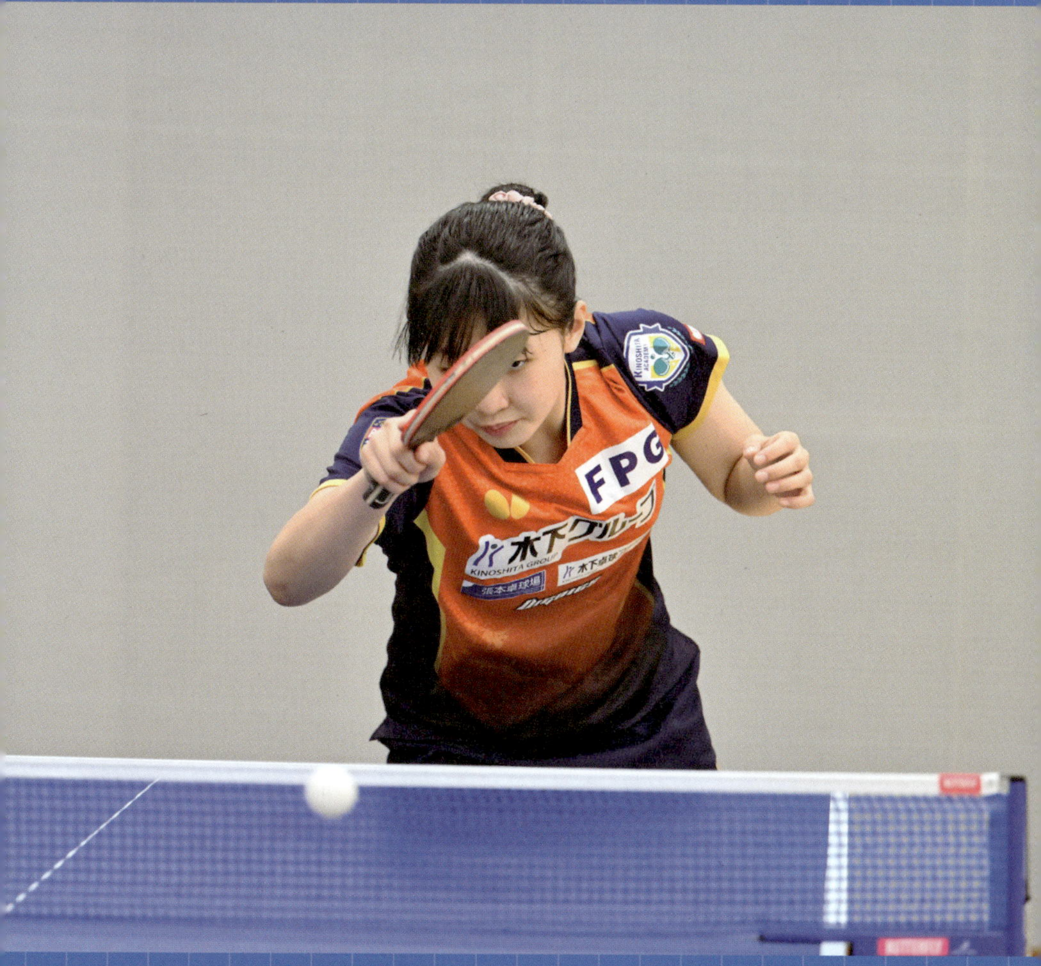

기술/푸시

포핸드 푸시

횟수　20회×2세트
난이도　초급

기술 해설　하회전이 걸린 공의 밑면을 맞혀 받아치는 테크닉. 받아친 공도 하회전이 걸린다. 포핸드 푸시는 몸의 오른쪽 사선 앞에서 타구한다(오른손잡이의 경우).

① 포핸드 면을 사선 위로 향하게 하고 라켓을 살짝 뒤로 뺀다

② 공의 사선 아래쪽을 맞혀서 전방으로 가볍게 밀어낸다

☑ **CHECK!**
타구 면은 사선 위를 향한다. 수직 위로 향하게 하면 공이 높이 뜨므로 주의하자.

☑ **CHECK!**
스윙은 간결하게 한다. 처음에는 강하게 치지 말고 부드럽게 타구하자.

조언　처음부터 무리하게 회전을 걸 필요는 없다. 안정적으로 받아칠 수 있게 되면 점차 회전을 걸어보자.

기술/푸시

백핸드 푸시

횟수　20회×2세트
난이도　초급

기술 해설　하회전이 걸린 공에 하회전을 걸어 받아치는 기본 테크닉. 타구 면을 사선 위로 향하게 하고 공의 밑면을 맞힌다. 백핸드 푸시는 몸 정면에서 타구한다.

① 백핸드 면을 사선 위로 향하게 하고 몸 앞에서 라켓을 준비한다

② 몸 정면에서 공을 받으며 라켓을 직선 앞으로 내민다

☑ CHECK!

백스윙은 크게 하지 않는다. 몸 앞에 라켓을 두고 그대로 내미는 느낌으로 동작하자.

조언

공이 맞는 순간 라켓을 멈추는 것이 아니라, 공을 '앞으로 보내는' 느낌으로 친다. 라켓을 멈추면 공의 비거리가 어중간해져서 상대가 공격해 올 수 있으니 주의하자.

(다구 연습/푸시)

푸시의 풋워크(포핸드 하프/백핸드 하프)

횟수 20회×2세트
난이도 중급

목표 메뉴 005와 007의 푸시 버전. 좌우 풋워크를 혼합한 연습을 통해 푸시의 기초를 다진다(포핸드 푸시와 백핸드 푸시 모두 실시).

송구자가 백(포어)사이드와 미들로 하회전 공을 교대로 보내면,
좌우로 움직이면서 백핸드(포핸드) 푸시로 받아친다

조언

푸시의 풋워크를 연습하는 사람은 많지 않지만, 기초를 다지는 데 도움이 되므로 초보자에게 좋은 메뉴다. 적당한 템포로 천천히 진행하자.

(다구 연습/푸시)

포핸드와 백핸드 푸시의 전환 풋워크

횟수 20회×2세트
난이도 중급

목표 메뉴 008의 푸시 버전. 좌우 풋워크를 활용해 이동하며 포핸드 푸시와 백핸드 푸시를 실시한다. 푸시의 기본기를 강화하는 연습이다.

송구자가 포어사이드와 백사이드로 하회전 공을 교대로 보내면,
좌우로 움직이면서 양핸드 푸시로 받아친다

☑ CHECK!

자세가 무너지지 않도록 공의 위치로 정확히 이동한다. 강한 타구(터치)가 되지 않도록 주의한다.

MENU 036

원코스 푸시 랠리(크로스/스트레이트)

횟수	20회×2세트
난이도	초급

목표 코스 하나를 정해서(원코스) 푸시 랠리를 안정적으로 이어간다.

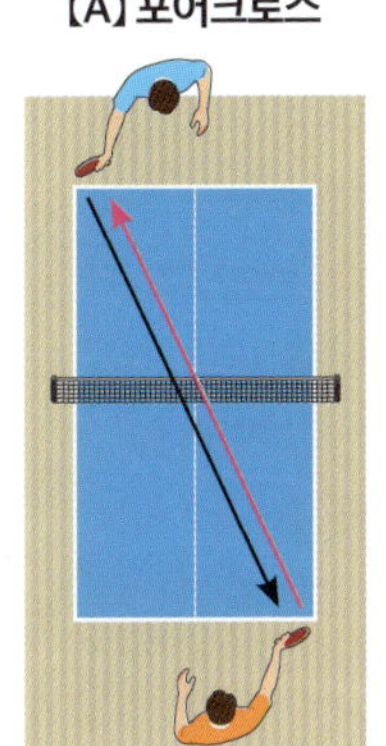

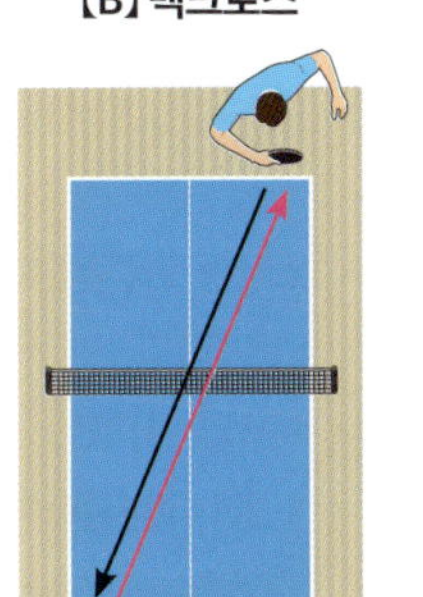

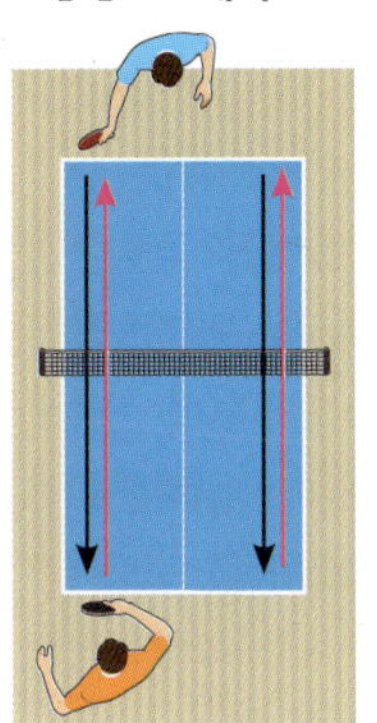

코스를 정해 푸시 대 푸시 랠리를 진행한다

C는 포핸드 스트레이트와 백핸드 스트레이트를 모두 진행한다.

MENU 037

포핸드와 백핸드 푸시의 전환 랠리

횟수	20회×2세트
난이도	중급

목표 메뉴 035의 랠리 연습 버전. 좌우 풋워크를 활용해 이동하며 포핸드 푸시와 백핸드 푸시 랠리를 이어간다.

상대가 포어사이드와 백사이드로 공을 교대로 보내면, 각각 포핸드 푸시와 백핸드 푸시로 받아친다

상대가 포핸드 푸시로 받아치는 버전(위 사진)과 백핸드 푸시로 받아치는 버전(왼쪽 사진)을 모두 진행한다.

다구 연습/드라이브

포핸드 드라이브(하회전 대응)

횟수 　20회×2세트
난이도 　중급

① 몸을 오른쪽으로 크게 비틀면서 라켓을 내려 백스윙한다

지도자 MEMO

공을 문지를 때는 '공을 오래 잡아두는' 느낌으로 맞힌다. 공이 곧장 날아가 버리는, 튕기는 타법으로는 회전이 걸리지 않는다. 먼저 '회전을 만드는' 데 집중하여 연습하도록 하자.

☑ CHECK!

백스윙할 때는 무릎을 구부려 낮은 자세를 만드는 동시에 몸을 확실히 비튼다. 무릎을 세운 높은 자세에서는, 몸을 충분히 비틀 수 없어 강한 스윙을 만들기 어렵다.

라켓을 앞쪽 위로 휘둘러 공에 강한 상회전을 거는 기술로, 공격의 주축이 되는 중요한 테크닉이다. 하회전은 타구 시 공이 밑으로 떨어지는 성질이 있지만, 드라이브로 공을 문질러 올려 치면 안정적으로 네트를 넘어가는 동시에 공격적인 반격이 가능해진다.

② 몸은 정면을 향한 채 라켓을 사선 앞으로 휘둘러 타구한다

조언

드라이브는 아래에서 위로 스윙하도록 지도하지만, 스윙 궤도가 완전히 수직이 되어버리면 공을 강하게 칠 수 없다. 백스윙할 때 라켓을 뒤로 빼고 사선 앞으로 스윙하면, 회전과 스피드를 겸비한 드라이브가 된다.

☑ CHECK!

먼저 다구 연습으로 기초를 익힌다. 송구자가 포어 사이드 쪽으로 하회전 공을 보내면 포핸드 드라이브로 받아친다.

MENU
039

다구 연습/드라이브

백핸드 드라이브(하회전 대응)

횟수 20회×2세트
난이도 중급

1 몸 앞에서 라켓을 준비한 뒤 공의 움직임에 맞춰 라켓을 내린다

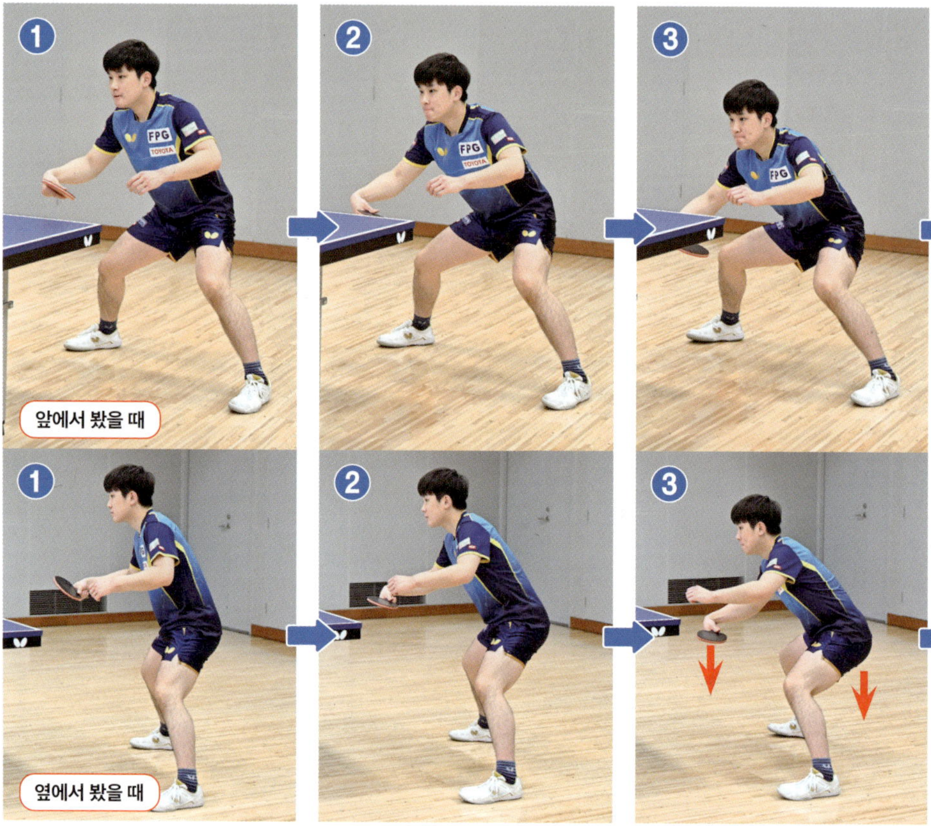
1
2
3
앞에서 봤을 때
1
2
3
옆에서 봤을 때

CHECK!

무릎을 구부리고 자세를 낮춰서 백스윙한다. 이렇게 하면 파워가 생기는 동시에, 시선을 낮춤으로써 공을 잡기 쉬워진다.

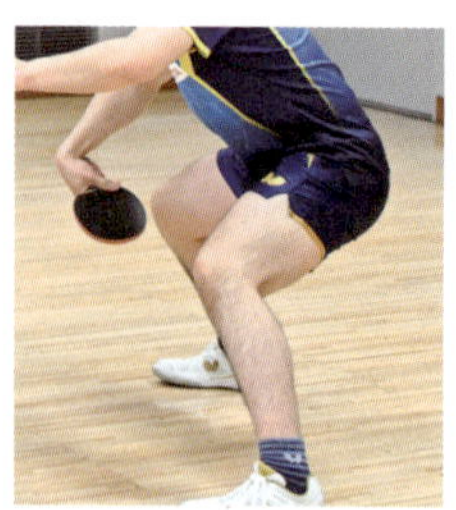

CHECK!

몸 정면에서 공을 잡는다. 몸이 좌우 어느 한쪽으로 치우치면 그 반대쪽으로 들어오는 공에 대응하기 힘들지만, 정면에서는 발을 움직여서 넓은 범위에 대응할 수 있다.

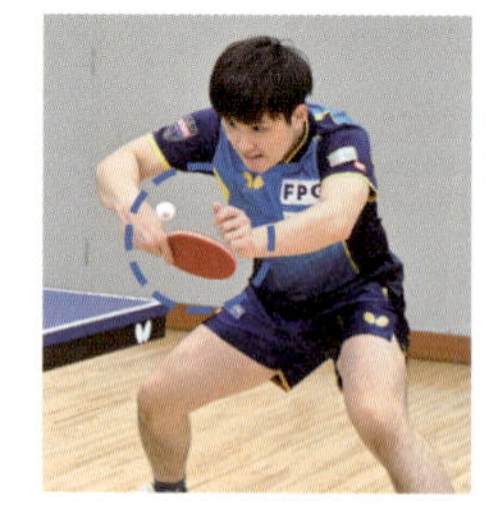

드라이브의 백핸드 버전. 백핸드 스트로크와 똑같이 몸 정면에서 공을 잡고, 앞쪽 위로 라켓을 휘둘러 강한 상회전을 건다.

2 사선 앞 방향으로 스윙하며 강한 상회전을 건다. 복부 앞에서 타구한다

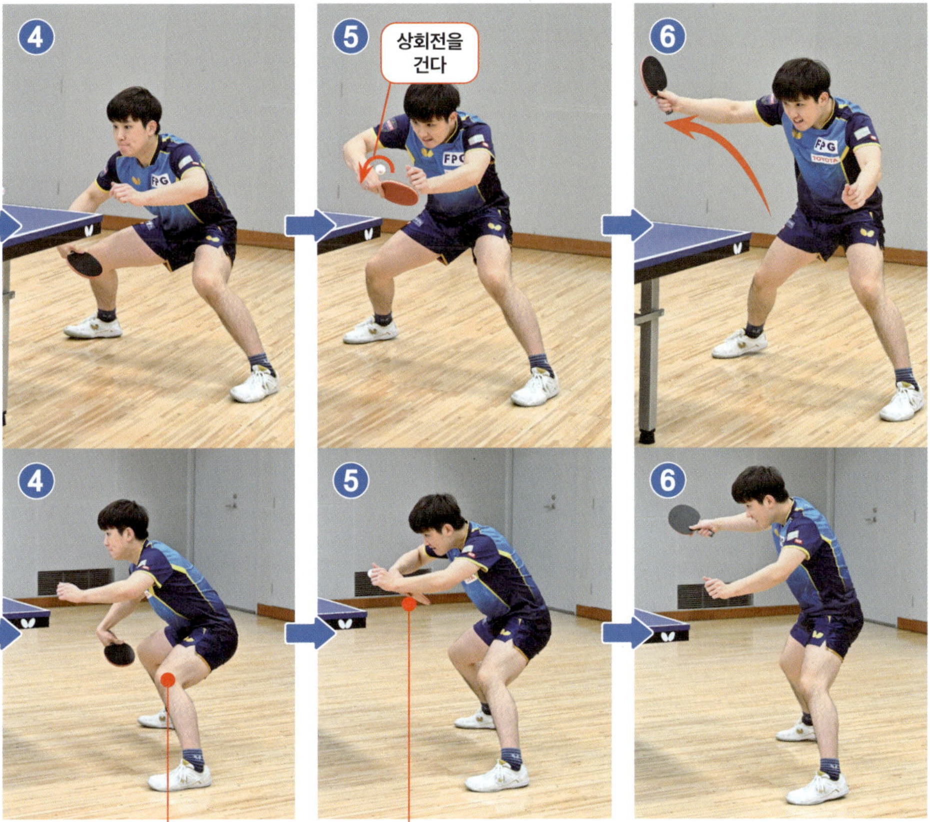

☑ CHECK!

백핸드 드라이브도 포핸드 드라이브처럼 온몸을 사용해 공을 친다. 팔 힘뿐만 아니라 무릎, 몸을 펴는 동작도 활용하여 회전을 걸자.

손목은 스윙의 탄력에 따라 자연스럽게 움직이게 한다. 의식해서 손목쪽 움직이면 오히려 힘을 주기 어려워지니 주의하자. 백핸드 드라이브뿐만 아니라, 드라이브를 걸 때는 처음부터 힘을 주지 말고 편안하게 스윙하도록 신경 쓰자.

기술/블록

포핸드 블록

횟수 20회×2세트
난이도 중급

기술 해설 상대의 공격적인 타구에 대응할 때 사용하는 수비 테크닉. 힘을 빼고 간결하게 스윙하여 받아치면 역공격이 쉬워진다. 기본 동작은 포핸드 스트로크와 같다.

1 오른쪽으로 라켓을 빼고 공을 기다린다

2 포핸드 스트로크를 할 때보다 힘을 빼고 타구한다

☑ CHECK!

스윙은 간결하게 하고 라켓을 크게 흔들지 않는다. 힘을 빼면 '뻣뻣한 자세'가 되기 쉬우므로, 무릎을 구부리는 등 기본 자세를 늘 의식한다.

조언 🔈

공을 강하게 타구하지 말고, 부드럽게 치려고 노력하자. 상대가 보낸 공의 기세를 이용하여 받아치는 느낌이다.

MENU 041 · (기술/블록)

백핸드 블록

횟수 20회×2세트
난이도 중급

 블록의 백핸드 버전. 기본 동작은 백핸드 스트로크와 같다. 힘을 뺀 상태로 상대가 보낸 드라이브를 받아 친다.

① 몸 앞에서 라켓의 각도를 만들고 공을 기다린다

② 힘을 뺀 상태로, 그저 공에 닿는다는 느낌으로 타구한다

☑ CHECK!

백핸드 스트로크를 할 때와 같은 위치(몸 중앙)에서 타구한다. 공이 오기를 기다리는 느낌으로 동작하고, 황급히 손을 앞으로 내밀지 않는다.

조언

블록은 팔에 힘을 뺀 채 복부에 힘을 넣고 몸으로 날리는 느낌으로 구사한다. 몸의 힘까지 빼버리면 상대의 강한 드라이브나 빠른 공에 대처하기 어려우니 주의하자.

기술/스매시

포핸드 스매시

횟수   20회×2세트
난이도   중급

기술 해설   전신을 사용해 힘껏 공을 내려치듯 강타하는 공격 테크닉. 일반적으로 높이 뜬 공을 칠 때 자주 사용한다.

① 공의 높이에 맞춰 백스윙한다

② 위에서 아래로 내려치듯 강하게 타구한다

☑ CHECK!

팔 힘만으로 공을 날리는 것이 아니라, 하반신과 몸 전체를 사용해 타구하는 것이 중요하다.

조언

처음부터 100%의 힘으로 치면 자세가 무너지므로, 먼저 60% 정도의 힘으로 시작하여 점차 강하게 치는 방식으로 동작을 익히자.

MENU 043 〔기술/강타〕 백핸드 강타

횟수	20회×2세트
난이도	중급

백핸드 스트로크의 강타 버전. 기본 스윙은 백핸드 스트로크와 같지만, 한층 빠르게 스윙하여 공에 강한 힘을 더해 튕겨 보낸다.

① 일반적인 백핸드 스트로크를 할 때보다 라켓을 몸쪽으로 좀 더 크게 뺀다

② 공을 가까이 끌어당긴 뒤 라켓을 힘차게 앞으로 휘둘러 강하게 타구한다

☑ CHECK!

조금 크게 백스윙한다. 다만, 이 단계에서는 힘을 뺀 채 몸의 긴장을 푼다.

그저 백핸드 스트로크를 좀 더 강하게 구사한다고 생각하면 된다. 스매시와 마찬가지로 처음부터 공을 세게 치려고 하면 동작을 컨트롤할 수 없으므로 조금씩 힘을 더하는 방식으로 연습하자.

하회전 서비스(포핸드)

시간 10분
난이도 초급

기술 해설
공에 하회전을 거는 기본 서비스. 포핸드 푸시(메뉴 032)처럼 타구 면을 사선 위로 향한 채 앞쪽으로 휘둘러 공의 밑면을 문지른다.

① 공을 수직 위로 띄우는 동시에, 타구 면을 사선 위로 향한 채 라켓을 뒤로 뺀다

② 사선 아래로 스윙하며 공의 밑면을 맞혀 회전을 건다

☑ **CHECK!**

공을 수직 위로 띄웠다가(16㎝ 이상) 떨어지는 순간 타구한다.

☑ **CHECK!**

회전을 걸기 쉬운 위치로 공을 띄운다. 몸보다 너무 앞에서 띄우지 않도록 한다.

☑ **CHECK!**

차분하게 스윙한다. 강한 회전을 걸려고 너무 힘을 주면 오히려 회전이 잘 걸리지 않으니 주의하자.

기술/서비스

하회전 서비스(백핸드)

시간　10분
난이도　초급

기술 해설　백핸드 면으로 하회전을 거는 서비스. 백핸드 푸시(메뉴 033)처럼 타구 면을 사선 위로 향한 채 앞쪽으로 휘둘러 공의 밑면을 문지른다.

① 몸 앞에서 공을 띄우는 동시에 라켓을 뒤로 뺀다

② 사선 아래로 스윙하며 공의 밑면을 맞혀 회전을 건다

조언　라켓을 너무 세우면(타구 면이 앞을 향하면) 공을 밀어내는 타법이 되어 회전이 걸리지 않는다. 타구 면이 위를 향하게 하고 공의 밑면을 문지르는 것이 중요하다.

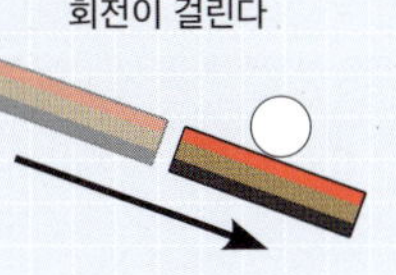

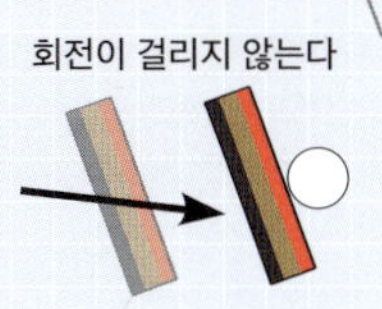

서비스 연습

바닥에서 하회전을 걸어 공 되돌리기

시간 10분
난이도 초급

목표 회전을 거는 감각을 기르기 위한 연습. 탁구대가 없는 환경에서는 회전에 집중할 수 있어 감각을 익히기 좋다. 회전이 걸렸는지 아닌지의 여부를 확인하면서 실시하자.

1 바닥으로 힘차게 하회전 서비스를 넣는다(최대한 멀리 날린다)

2 때린 공이 자기 쪽으로 되돌아오면 성공이다

☑ CHECK!

헛스윙해도 괜찮으니 힘차게 스윙하자. 체중 이동을 하면서 몸 전체로 스윙하여 강하게 회전을 거는 것이 중요하다.

조언

초보자에게 추천하는 연습이다. 공놀이 느낌으로 진행하면 회전을 거는 감각을 재미있게 익힐 수 있다. 서비스를 넣을 때 공의 회전 강도를 높이고 싶은 중급자에게도 추천한다.

제 3 장

드라이브&랠리 강화

실전에서의 랠리 능력을 기르기 위한 전환 및 풋워크 연습을 소개한다.
중급 이상 수준의 선수는 상회전에 대응하는 드라이브 연습도 실시하자.

포핸드 드라이브(상회전 대응)

횟수　20회×2세트
난이도　중급

① 자세를 낮추면서 몸을 오른쪽으로 크게 비틀어 백스윙한다

앞에서 봤을 때

옆에서 봤을 때

☑ CHECK!

하회전에 대응할 때와 똑같이 몸을 확실히 비틀고 중심을 낮춰 하반신에 힘을 모은다. 상회전 대응은 하회전 대응보다 백스윙할 때 라켓 위치가 높고 앞쪽으로 스윙해야 한다.

상회전 대응

하회전 대응

② 몸을 회전시키면서 재빨리 스윙하여 상회전을 건다

조언

초·중급자의 경우, 위의 사진처럼 라켓을 크게 휘두르면 컨트롤이 힘들어지므로 좀 더 간결하게 스윙하도록 하자. 처음에는 '포핸드보다 살짝 크게 휘둘러 공에 회전을 건다'라는 마음으로 무리하지 말고 실시하자. 타구 장소에 따라서도 스윙의 크기가 달라질 수 있는데, 예를 들어 오른쪽 사진과 같이 테이블 가까이(전진)에서 드라이브하는 경우에는 몸을 비트는 동작이 그리 크진 않다.

(기술/드라이브)

백핸드 드라이브(상회전 대응)

횟수 20회×2세트
난이도 중급

① 자세를 낮추면서 라켓을 내린다

앞에서 봤을 때

옆에서 봤을 때

백핸드 드라이브는 백핸드 스트로크와 똑같이 몸 앞에서 라켓을 뒤로 뺀 다음 휘두른다. 몸의 왼쪽으로 라켓을 뺀 뒤 공을 치는 사람도 있지만, 그렇게 하면 반대쪽 공(미들) 대응이 힘들어지니 주의하자. 라켓을 몸 앞에 두면 발을 살짝 움직이기만 해도 좌우 모든 공에 대응할 수 있다.

☑ **CHECK!**

백스윙 위치는 복부 앞이다. 하회전 대응 때보다 조금 높은 위치에 라켓을 세팅한다(하회전을 대응할 때는 라켓을 내린다).

 상회전이 걸린 공에 상회전을 걸어 받아치는 백핸드 테크닉. 일반적인 백핸드 스트로크를 자유롭게 구사할 수 있게 되면 조금씩 드라이브로 회전을 거는 시도를 해보자.

② 몸을 위로 일으키면서 앞으로 스윙하여 공에 상회전을 건다

④

⑤

⑥

③

④

⑤

오른쪽 사진은 테이블과 가까운 거리(전진)에서 하는 백핸드 드라이브 동작이다. 시간이 충분하지 않을 때도 이처럼 간결한 스윙으로 타구한다. 팔꿈치를 기점으로 아래팔을 사용해 회전을 걸자.

(다구 연습/드라이브)

포핸드 드라이브의 풋워크(포핸드 하프/다구)

횟수　20회×2세트
난이도　중급

목표　다구 연습을 통해 포핸드 드라이브의 기본기를 다지는 연습. 좌우 풋워크를 하면서 상회전을 걸어 받아친다. 백핸드로도 똑같이 진행한다.

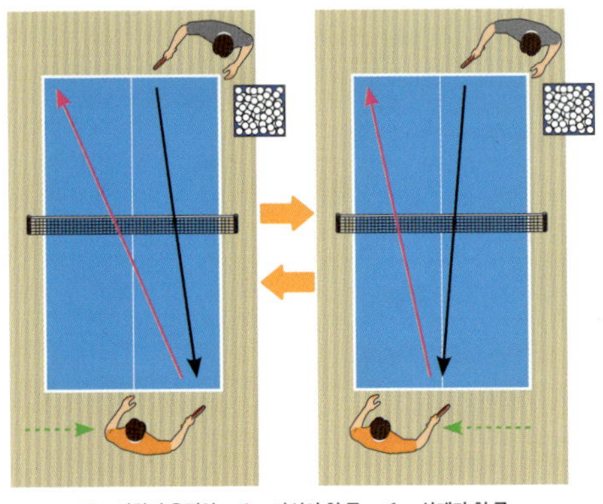

① 포어사이드로 오는 상회전 공을 포핸드 드라이브로 치고 미들로 이동한다

② 미들로 오는 상회전 공을 포핸드 드라이브로 치고 포어사이드로 이동한다

타구는 포어사이드, 미들, 백사이드 3코스로 각각 실시한다.

☑ CHECK!

초반에는 정확도를 중시하고, 미스를 범하지 않는 선에서 점차 강도를 높인다.

(다구 연습/드라이브)

포핸드와 백핸드 드라이브의 전환(1개씩)

횟수　20회×2세트
난이도　중급

목표　다구 연습을 통해 포핸드와 백핸드 드라이브를 강화하는 연습. 좌우로 움직이면서 안정적인 드라이브로 받아친다.

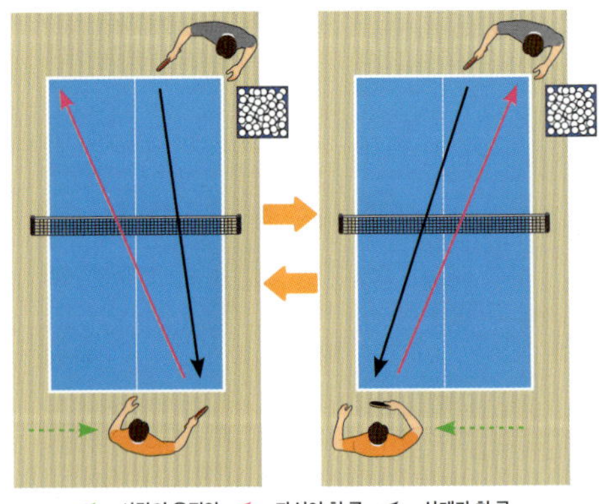

① 포어사이드로 오는 상회전 공을 포핸드 드라이브로 치고 백사이드로 이동한다

② 백사이드로 오는 상회전 공을 백핸드 드라이브로 치고 포어사이드로 이동한다

☑ CHECK!

한 구 한 구 자세를 무너뜨리지 않고 타구하자. 송구자는 너무 빠른 템포로 공을 보내지 않는다.

MENU 051

(다구 연습/드라이브)

중진에서의 드라이브(포핸드&백핸드)

횟수	20회×2세트
난이도	중급

목표 테이블과 떨어진 위치(중진)에서 드라이브를 건다. 포핸드 드라이브와 백핸드 드라이브 양쪽을 모두 진행한다.

포어사이드로 오는 공을 중진에서 포핸드 드라이브로 타구한다

송구자가 포어사이드(또는 백사이드)로 상회전 공을 강하게 보내면 테이블에서 조금 떨어진 위치에 서서 포핸드 드라이브(또는 백핸드 드라이브)로 받아친다.

MENU 052

(다구 연습/드라이브)

중진에서의 드라이브(전환)

횟수	20회×2세트
난이도	중급

목표 메뉴 051의 양핸드 전환 버전. 테이블과 떨어진 위치에서 포핸드 드라이브와 백핸드 드라이브로 안정감 있게 받아친다.

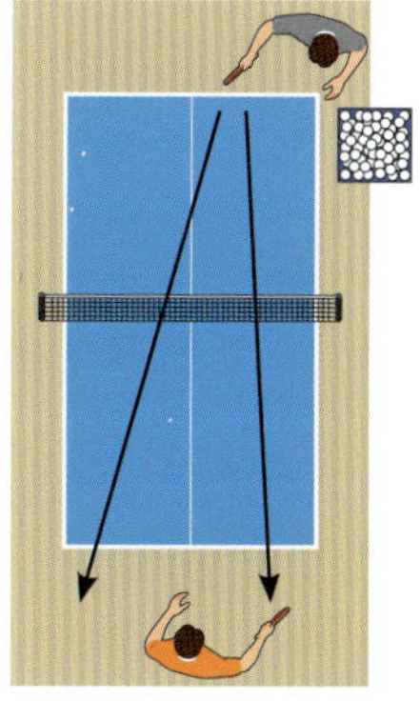

송구자가 포어사이드와 백사이드 쪽으로 상회전 공을 교대로 보내면, 좌우로 움직이면서 중진에서 양핸드 드라이브로 타구한다

☑ **CHECK!**

공을 치기 쉬운 위치까지 정확히 이동해서 이상적인 타구 포인트와 자세로 타구한다(여유로운 템포로 송구해도 된다).

지도자 MEMO

테이블에 가까운 위치(전진)에서만 연습하면 테이블에서 물러나 플레이하는 것이 어려워지므로 중진에서 타구하는 연습도 반드시 진행한다. 초보자가 힘을 조절하는 법을 익히기 위한 연습으로 넣어도 손색없는 메뉴다. 중진에서는 크게 스윙하는 것이 포인트지만, 너무 힘을 넣으면 미스로 이어질 수 있으므로 힘 조절을 잘 하도록 하자.

(다구 연습/드라이브)

포핸드 드라이브 3코스 풋워크
(백사이드→미들→포어사이드)

횟수　16회×2세트
난이도　상급

목표 백사이드→미들→포어사이드 순으로 오는 공을 풋워크하며 포핸드 드라이브로 받아친다. 포어사이드에서 백사이드(돌아서기)로 움직이는 커다란 동작을 강화한다.

1 백사이드에서 포핸드 드라이브로 타구한다

2 미들에서 포핸드 드라이브로 타구한다

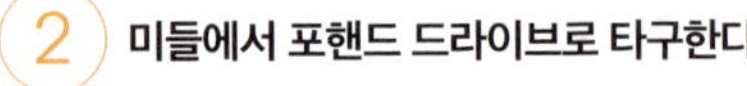

3 포어사이드에서 포핸드 드라이브로 타구한다

4 백사이드로 이동한다(①로 돌아가기)

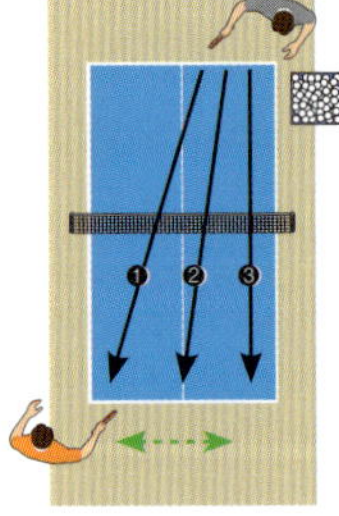

☑ **CHECK!**

한 구 한 구 제대로 회전을 걸어 받아친다. 다만, 라켓을 너무 크게 휘두르거나 과하게 힘을 주지 않도록 주의한다.

☑ **CHECK!**

송구자는 연습자가 쫓아올 수 있도록 너무 빨리 공을 보내지 않는다.

지도자 MEMO

처음에는 확실히 받아치는 것이 중요하므로 강하게 치지 말고, 컨트롤 가능한 범위에서 질 높은 드라이브를 치도록 지도하자. 이 메뉴에서는 모두 포핸드 드라이브로 쳤지만, 백사이드에서는 백핸드 드라이브로 치는 등 변형해도 좋다.

MENU 054

다구 연습/드라이브

포핸드 드라이브 3코스 풋워크
(미들→백사이드→포어사이드)

횟수	20회×2세트
난이도	상급

목표 메뉴 053의 역방향 버전. 백사이드 쪽으로 작게 이동한 다음 백사이드에서 포어사이드로 움직이는 커다란 동작과 타구를 강화한다.

백사이드에서 포어사이드로 이동→포핸드 드라이브로 타구할 때의 움직임

송구자가 3코스로 보내는 공을 모두 포핸드 드라이브로 받아친다

미들→백사이드→포어사이드 순으로 오는 상회전 공을 모두 포핸드 드라이브로 받아친다.

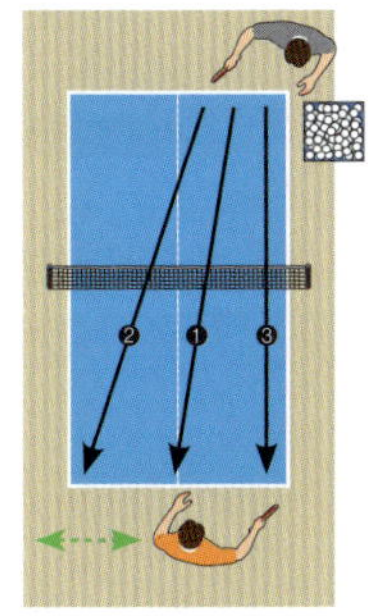

조언

❶~❽은 백사이드에서 포어사이드로 이동한 후 공을 치는 상황으로, 제대로 몸을 회전시켜 타구하는 것이 중요하다. 마지막에 오른발을 포어사이드 쪽으로 내밀어 몸이 바깥으로 쏠리지 않게 하면, 곧바로 다음 미들 타구를 준비할 수 있다.

다구 연습/드라이브

전후 움직임을 추가한 전환(4코스 풋워크)

횟수 16회×2세트
난이도 중급

목표 전후 움직임을 수반한 랠리에 대응하기 위한 연습. 전후로 움직이면서 양핸드 드라이브로 받아친다.

① 포어사이드 전진에서 포핸드 드라이브로 타구한다

② 포어사이드 중진에서 포핸드 드라이브로 타구한다

③ 백사이드 중진에서 백핸드 드라이브로 타구한다

④ 백사이드 전진에서 백핸드 드라이브로 타구한다(① 로 돌아가기)

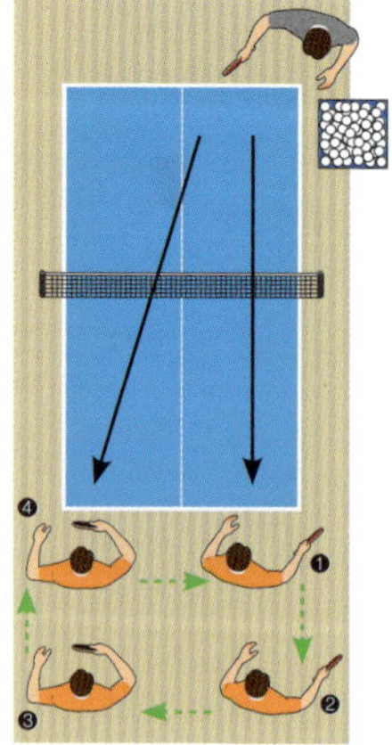

☑ **CHECK!**

전진·중진 타법의 차이(스윙 크기, 힘 조절)를 의식하며 실시한다. 너무 강하게 공을 치지 말고 미스 없이 넣는다.

지도자 MEMO

양핸드 전환, 전후 움직임, 전진·중진 타법의 힘 조절 등을 조합한 풋워크 연습이다. 실전에서는 앞으로 나가거나 뒤로 물러나 공을 치는 등 다양한 상황이 발생하므로 이러한 연습도 상당히 중요하다. 초보자는 이 연습의 전 단계로 포어사이드 전진과 포어사이드 중진에서 교대로 공을 2개씩 치는 등 좀 더 단순하게 실시해도 좋다.

(다구 연습/드라이브)

포핸드 드라이브(포어사이드 ⅔면 랜덤)

횟수	20회×2세트
난이도	상급

목표 송구자가 포어사이드 쪽으로 랜덤하게 보내는 공을 받아치는 연습을 통해, 더욱 실전에 가까운 풋워크를 익힌다. 또한, 포핸드 드라이브의 정확도도 높인다.

포어사이드 쪽 ⅔면으로 랜덤하게 오는 공을 포핸드 드라이브로 타구한다

송구자가 포어사이드 쪽 ⅔면으로 상회전 공을 보내면, 풋워크를 활용해 이동하면서 전부 포핸드 드라이브로 받아친다.

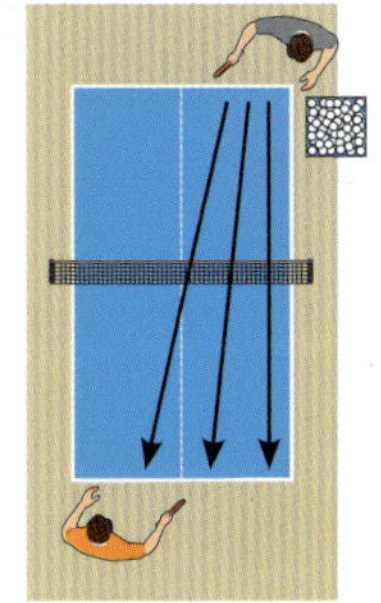

조언

중국에서도 자주 실시하는 연습이다. 지금까지는 코스가 정해진 연습 위주였지만, 실력이 향상되면 다양한 코스로 오는 공을 처리하는 연습을 실시한다. 이때는 송구자의 스윙을 보며 공이 날아오는 위치로 정확히 움직여 타구하는 것이 중요하다. 왼쪽 사진은, 몸의 정면(미들)으로 온 공을 돌아서서 타구하는 장면이다. 순식간에 양발을 백사이드 쪽으로 움직여 타구 공간을 확보한 것에 주목하자.

다구 연습/드라이브

포핸드와 백핸드 드라이브의 전환
(1개 또는 2개)

횟수　20회×2세트
난이도　중급

목표　메뉴 050과 방식은 같지만, 불규칙적으로 오는 공을 처리하는 연습이다. 양핸드 드라이브의 안정성, 실전에 가까운 풋워크, 상대 타구에 대한 판단력 등을 높인다.

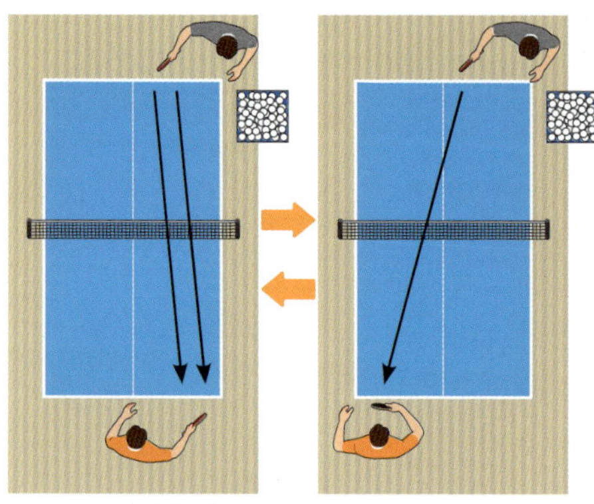

포어사이드와 백사이드로 불규칙하게 오는 공을 양핸드 드라이브로 받아친다

송구자가 포어사이드와 백사이드로 불규칙하게(각각 1개 또는 2개) 공을 보내면, 이를 양핸드 드라이브로 받아친다.

☑ CHECK!

송구자의 라켓 각도를 관찰하면서 연습한다(보자마자 코스를 판단할 수 있도록). 손만 내밀지 말고 발을 정확히 내민 뒤 공을 치자.

다구 연습/드라이브

백핸드 드라이브하다가 랜덤하게
포어사이드로 오는 공 포핸드 드라이브

횟수　20회×2세트
난이도　중급

목표　백핸드 대 백핸드 랠리 중 포어사이드를 공략당했을 때의 대응력을 높인다. 포어사이드 쪽으로 재빨리 반응하여 풋워크 감각을 익힌다.

① 백사이드에서 백핸드 드라이브로 타구한다

② 갑자기 포어사이드로 날아오는 공을 포핸드 드라이브로 타구한다

백사이드로 오는 공을 백핸드 드라이브로 연달아 받아치다가, 랜덤하게 포어사이드로 오는 공을 포핸드 드라이브로 받아친 뒤 다시 백핸드 드라이브로 돌아온다. 이를 반복한다.

☑ CHECK!

포어사이드 쪽 공을 칠 때는 손만 내밀지 말고, 발을 확실하게 내밀며 공을 친다.

MENU 059

양핸드 드라이브하다가 랜덤하게 미들로 오는 공 포핸드 드라이브

횟수 20회×2세트
난이도 상급

목표 랠리 상황에서 자주 공략당하는 미들(공을 포어사이드로 칠지 백사이드로 칠지 망설여지는 코스)의 대응력을 높이고 실전에 가까운 풋워크를 익힌다.

1 양사이드 교대로 오는 공을 양핸드 드라이브로 타구한다

2 갑자기 미들로 날아오는 공을 포핸드 드라이브로 타구한다

양사이드 교대로 날아오는 공을, 각 상황에 따라 양핸드 드라이브로 받아친다. 그러다 랜덤하게 미들로 오는 공을 포핸드 드라이브로 받아친 뒤 다시 양핸드 드라이브로 돌아온다. 이를 반복한다.

☑ **CHECK!**

미들로 오는 공은 발을 움직여 최대한 여유 공간을 두고 타구한다(몸 앞에 공간을 만든다).

MENU 060

2코스 풋워크하다가 랜덤하게 포어사이드로 오는 공 포핸드 드라이브

횟수 20회×2세트
난이도 상급

목표 포핸드 드라이브로 크게 움직이는 풋워크를 강화한다. 갑자기 포어사이드로 오는 공의 대응력을 기른다.

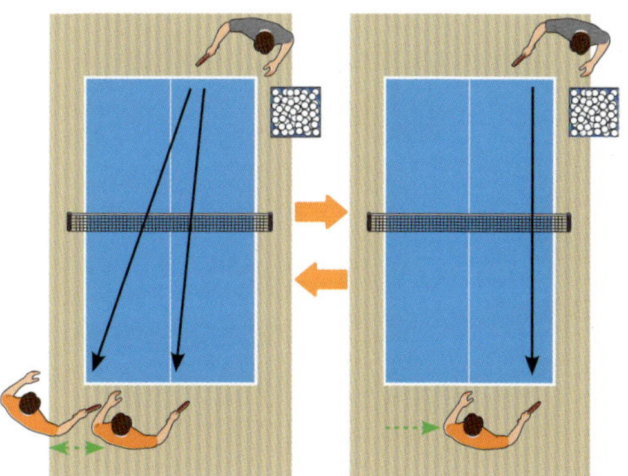

백사이드와 미들에서 움직이다가 갑작스러운 포어사이드에 대응한다

백사이드와 미들에서 각각 1개씩 공을 받아치는 2코스 풋워크(전부 포핸드 드라이브로 대응)를 실시한다. 그러다 랜덤하게 포어사이드로 오는 공을 크게 움직이면서 포핸드 드라이브로 받아친다. 이후 다시 2코스 풋워크로 돌아온다. 이를 반복한다.

☑ **CHECK!**

포어사이드로 움직인 뒤에는 자세가 무너지지 않게 주의하며 신속하게 백사이드로 돌아온다.

（랠리 연습/드라이브）

포핸드 드라이브 대 블록(포어크로스)

횟수　10회×2세트
난이도　중급

목표 상대의 블록을 포핸드 드라이브로 연달아 받아치며 드라이브의 기본기를 다지고, 안정적으로 공을 보낼 수 있도록 힘 조절하는 법을 익힌다.

상대의 블록을 드라이브로 받아친다

연습자는 포핸드 드라이브, 상대는 포핸드 블록(메뉴 040 참고)으로 랠리를 이어간다(포어크로스).

지도자 MEMO

실수가 잦을수록 연습 효율이 떨어지므로 10개 정도는 연속으로 이어가는 것을 목표로 랠리 연습을 실시한다. 랠리를 계속 이어가려면, 처음부터 강한 드라이브로 치지 말고 50~60% 정도의 힘으로 타구하는 것이 좋다(그래도 미스가 생긴다면 강도를 더 낮춘다). 먼저 안전하게 공을 보내는 수준으로 연습하다가 익숙해지면 서서히 스피드와 회전량을 늘리자.

（랠리 연습/드라이브）

포핸드 드라이브 대 블록(백크로스)

횟수　10회×2세트
난이도　중급

목표 메뉴 061의 백크로스 버전. 백크로스에서도 미스 없이 포핸드 드라이브를 칠 수 있도록 한다. 동시에 상대는 백핸드 블록(메뉴 041)을 안정적으로 구사하는 것을 목표로 삼는다.

백크로스에서 드라이브 대 블록의 랠리를 이어간다

조언

상대는 이 연습을 통해 블록을 훈련할 수 있다. 메뉴 040과 041에서 소개한 포인트를 떠올리며 미스 없이 받아칠 수 있도록 하자. 발을 멈추지 않고, 늘 공의 위치에 따라 포지셔닝하는 것도 중요하다.

MENU 063

랠리 연습/드라이브

포핸드 드라이브의 풋워크(포핸드 하프/랠리)

횟수 10회×2세트
난이도 중급

목표 메뉴 015의 드라이브 버전. 포핸드 드라이브를 안정적으로 구사할 수 있도록 하자. 상대는 코스를 구분하여 백핸드 블록을 치는 연습이 된다.

**포어사이드와 미들(1개씩 교대)로 오는 공을 포핸드 드라이브로 타구한다.
상대는 백핸드 블록으로 받아친다**

지도자 MEMO

같은 방식으로 백핸드 하프(백사이드·미들)에서 실시하거나 드라이브를 포어사이드로 보내고, 상대가 포핸드 블록으로 되돌려 주는 방법도 있다. 메뉴 하나만 반복하지 말고, 다양하게 응용하여 풋워크를 강화하자.

MENU 064

랠리 연습/드라이브

백핸드 드라이브 대 블록(백크로스)

횟수 10회×2세트
난이도 중급

목표 백핸드 드라이브 대 백핸드 블록의 랠리를 진행하여 각 기술의 기본기를 다진다.

백크로스에서 백핸드 드라이브 대 블록의 랠리를 이어간다

조언

익숙해지면 테이블과의 거리를 바꿔가며 연습한다. 테이블 가까이에서는 간결하게, 테이블과 거리를 둘 때는 크게 스윙하며 타구하자. 포지션에 따라 스윙을 미세하게 조정하는 것도 중요하다.

(랠리 연습/드라이브)

포핸드와 백핸드 드라이브의 전환(1개씩)

시간	10분
횟수	10회 연속×2세트
난이도	중급

목표 메뉴 018의 드라이브 버전. 포핸드 드라이브와 백핸드 드라이브로 전환하며 안정감 있게 받아친다.

포어사이드에서 포핸드 드라이브, 백사이드에서 백핸드 드라이브를 번갈아 진행한다

백사이드로 치는 연습(상대는 백핸드 블록)과 포어사이드로 치는 연습(상대는 포핸드 블록) 양쪽 모두 진행한다.

☑ **CHECK!** 백핸드 드라이브 후에는 포핸드 드라이브를 치기 쉬운 위치에 선다(오른발을 약간 뒤로 물러선다).

(랠리 연습/드라이브)

강약 조절을 추가한 전환(1개씩)

시간	10분
횟수	10회 연속×2세트
난이도	중급

목표 메뉴 065에 타구의 강약을 추가한 버전. 양핸드 전환 중, 힘 조절하는 법을 익혀 정교한 드라이브와 공격적인 드라이브를 모두 구사할 수 있도록 한다.

메뉴 065에 강약 조절을 추가하여 전환(1개씩) 연습을 진행한다

다음 패턴으로 전환을 1개씩 실시해보자

① 강한 포핸드 드라이브 후 백핸드 드라이브로 연결
② 포핸드 드라이브로 연결 후 강한 백핸드 드라이브
③ 강한 포핸드 드라이브 후 강한 백핸드 드라이브

조언 

드라이브를 안정적으로 구사할 수 있게 되면 득점을 위한 공격적인 타구를 해보자. 전환과 강약을 섞은 연습을 할 때는 포핸드만 강하게 치거나 백핸드만 강하게 치다가 익숙해지면 모든 드라이브를 강하게 치는 방식으로 실시한다. 이 방법이 어렵다면 코스를 하나 정해놓고, 드라이브 대 블록 랠리를 진행하면서 연결용과 공격용 타구를 안정적으로 구사할 수 있도록 연습하자.

MENU 067

강약 조절을 추가한 전환(2개씩)

시간	10분
횟수	10회 연속×2세트
난이도	상급

목표 메뉴 066의 양사이드를 두 번씩 진행하는 버전. 강약 조절에 집중하면서 양핸드 드라이브를 강화한다. 상대는 강도가 다른 드라이브를 미스 없이 블록으로 받아친다.

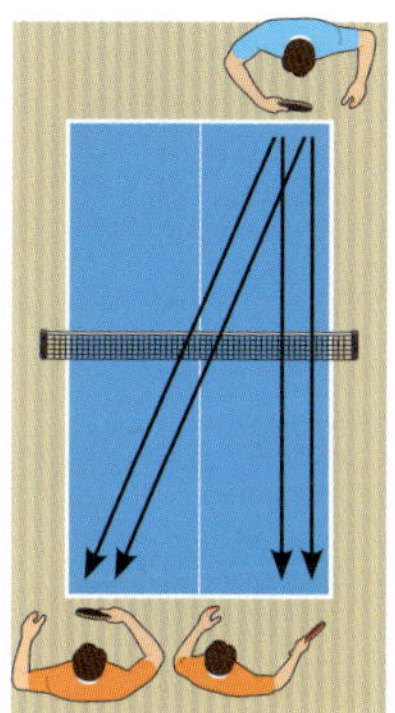

포핸드와 백핸드 드라이브를 두 번씩 교대로 치면서 스윙에 강약을 넣는다

포핸드와 백핸드 드라이브를 두 번씩 번갈아 친다. 첫 번째는 연결, 두 번째는 강하게 치는 식으로 타구마다 강약을 주면서 랠리를 이어간다.

☑ CHECK!

강하게 타구할 때는 몸의 회전을 더욱 고려하며 크게 스윙한다.

MENU 068

포핸드 드라이브 코스 공략 연습

시간	10분
횟수	10회 연속×2세트
난이도	중급

목표 메뉴 022의 드라이브 버전. 포핸드 드라이브로 정확히 코스를 공략한다. 상대는 양핸드 블록의 전환 연습을 한다.

포핸드 드라이브를 좌우 코스로 나눠 친다(상대는 블록 전환)

백핸드 드라이브도 똑같이 진행한다. 미들을 더해 3코스를 공략하는 버전으로도 응용하여 실시해보자.

☑ CHECK!

50~60% 정도의 힘으로 타구하고, 코스의 정확성을 중시한다.

랠리 연습/드라이브

백핸드(백사이드)→돌아서기→ 포핸드(포어사이드)의 전환 풋워크

시간	10분
횟수	10회 연속×2세트
난이도	상급

목표 양핸드를 사용한 대중적인 풋워크 연습. 백사이드로 돌아선 상태에서 포어사이드를 공략당했을 때 대응하는 능력을 기른다.

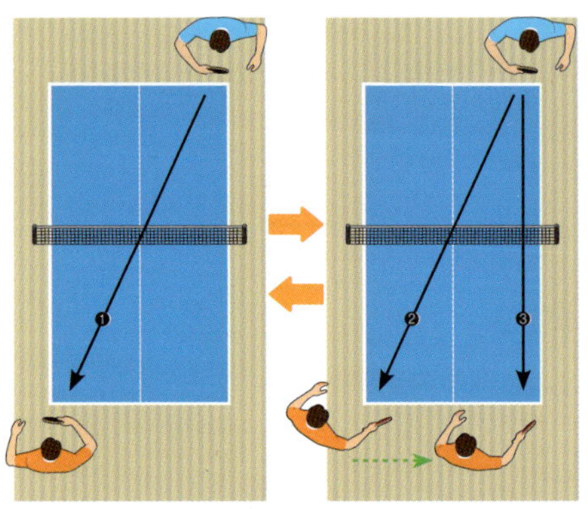

풋워크를 활용하여 백사이드로 2개, 포어사이드로 1개의 공을 드라이브로 받아친다

①백사이드에서 백핸드 드라이브, ②백사이드로 돌아서서 포핸드 드라이브, ③포어사이드로 크게 움직여서 포핸드 드라이브를 반복한다. 상대는 백핸드 블록으로 받아친다.

조언

백사이드로 돌아선 후 포어사이드 쪽으로 뛰어드는(②→③) 움직임의 폭은 연습자의 수준에 맞춰 조절하자.

랠리 연습/드라이브

미들과 포어사이드의 2코스 풋워크

시간	10분
횟수	10회 연속×2세트
난이도	초급

목표 메뉴 063의 첫 번째 공을 미들로 받아 진행하는 연습.

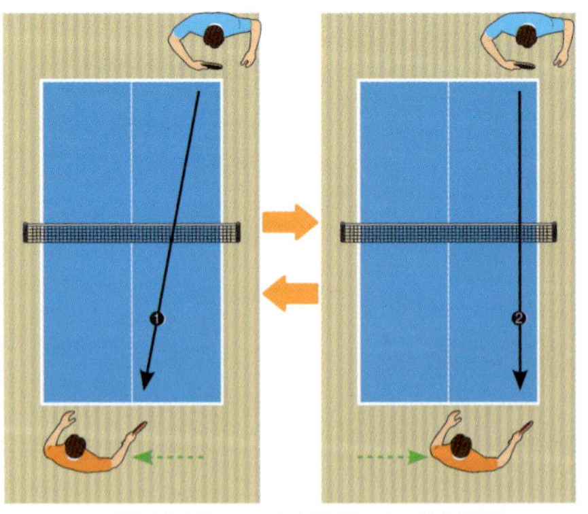

미들에서 시작하여, 미들과 포어사이드로 번갈아 움직이며 포핸드 드라이브로 타구한다

지도자 MEMO

일반적인 포핸드 풋워크는 포어사이드에서 시작하는 경우가 많지만, 이 연습에서는 미들 대응에 집중하기 위해 첫 번째 공을 미들에서 시작한다. 같은 메뉴라도 어디에서 시작하느냐에 따라 포지셔닝과 의식이 바뀌므로, 때로는 다른 패턴으로 진행하는 것도 실시한다.

MENU 071

(랠리 연습/드라이브)

미들 포핸드 드라이브→ 양사이드 양핸드 드라이브

시간	10분
횟수	10회 연속×2세트
난이도	상급

목표 포핸드 드라이브 후 미들 대응과 백핸드 드라이브 후 미들 대응, 양쪽 전개에 랜덤 요소를 추가하여 연습한다. 미들 강화를 위한 대중적인 연습 메뉴다.

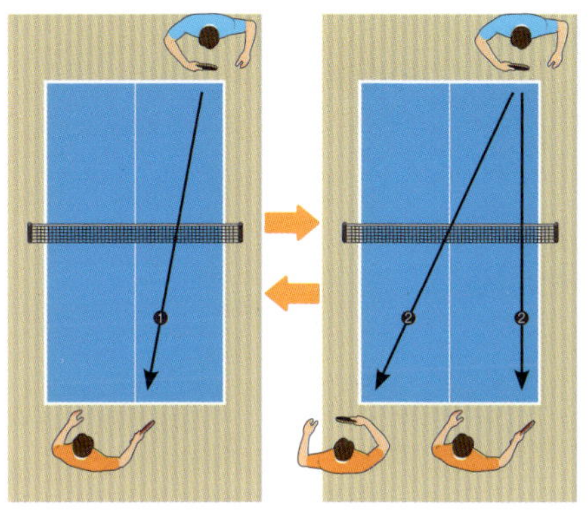

미들로 오는 공을 포핸드 드라이브한 후 양사이드 중 한쪽으로 오는 공을 양핸드 드라이브로 받아친다

①미들로 오는 공을 포핸드 드라이브, ②양사이드 중 어느 한쪽으로 오는 공을 양핸드 드라이브로 받아친다. 이를 반복한다.

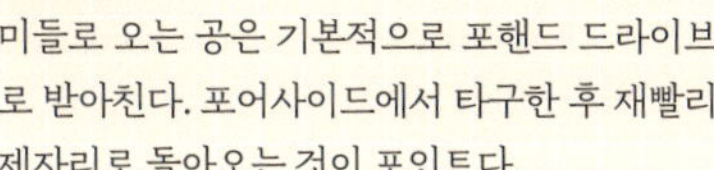

조언

미들로 오는 공은 기본적으로 포핸드 드라이브로 받아친다. 포어사이드에서 타구한 후 재빨리 제자리로 돌아오는 것이 포인트다.

MENU 072

(랠리 연습/드라이브)

올 코트 양핸드 드라이브 대 백핸드

시간	10분
횟수	10회 연속×2세트
난이도	상급

목표 올 코트에 랜덤으로 오는 공을 양핸드 드라이브로 안정감 있게 받아친다. 상대는 백핸드 블록을 사용하여 까다로운 코스로 받아치는 연습을 한다.

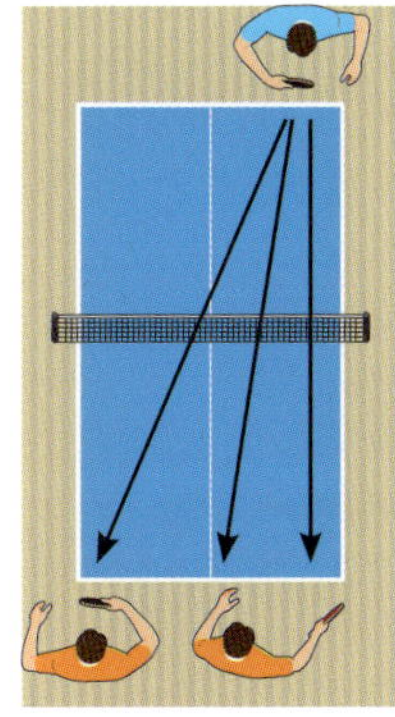

상대가 올 코트로 백핸드 블록을 하면, 백사이드로 양핸드 드라이브를 한다

☑ **CHECK!**

백핸드 블록을 하는 상대의 라켓을 관찰하여, 일찌감치 어느 코스로 올지 판단한다.

☑ **CHECK!**

무릎을 정확히 구부려 하체를 안정시키려고 늘 노력한다.

(랠리 연습/드라이브)

드라이브 랠리
(중·후진에서의 드라이브 대 드라이브)

시간	10분
횟수	10회 연속×2세트
난이도	상급

목표 테이블과 떨어진 장소(중·후진)에서 서로 드라이브를 주고받는 랠리를 강화한다.

테이블에서 떨어진 상태로 포핸드 드라이브를 주고받는다(포어크로스)

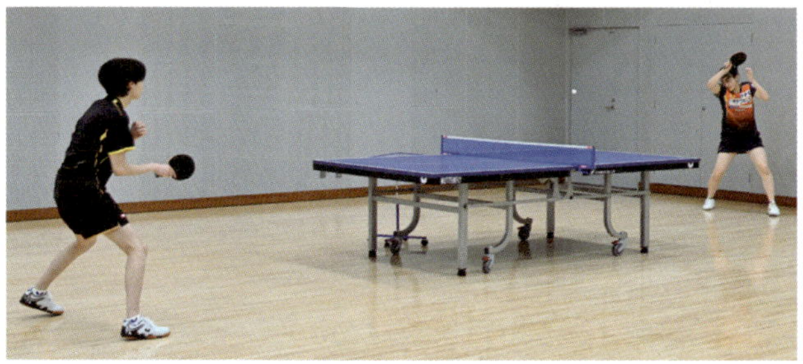

조언

처음부터 강하게 회전을 걸면 좀처럼 랠리가 이어지지 않으므로, 초반에는 드라이브를 약하게 하는 것이 좋다. 익숙해지면 타구 코스를 넓히거나, 백핸드 드라이브를 주고받는 랠리도 실시하자.

☑ **CHECK!** 날아오는 공에 맞춰 백스윙을 준비한다(너무 빠르거나 느리지 않게 주의하자).

(랠리 연습/스매시)

스매시 대 로빙

횟수	10회×2세트
난이도	중급

목표 한쪽은 높은 공을 스매시로 때리고 다른 한쪽은 테이블과 멀리 떨어진 장소(후진)에서 공을 포물선 형태로 높게 받아쳐, 강타에 대한 수비를 강화한다.

스매시 대 로빙 랠리

조언

로빙에 대응하는 스매시는 구사하기 어려우므로, 평소 충분히 연습해 두는 것이 좋다. 로빙은 처음에는 공을 맞히기만 해도 되지만, 익숙해지면 회전을 걸어 상대의 미스를 유도해보자.

제 4 장

하회전 대응 능력 강화

하회전에 대한 공격 기술을 강화하고, 푸시 이후의 전개 상황에서 득점력을 높인다.
상대의 공격을 방어하기 위한 블록과 카운터 강화 훈련도 꼭 실시하자.

2코스 풋워크 포핸드 드라이브(하회전 대응)

목표 하회전으로 온 공에 강한 상회전을 거는 포핸드 드라이브와 2코스(미들, 포어사이드) 풋워크를 조합한 연습. 좌우로 움직이면서 포핸드 드라이브로 정확히 받아친다.

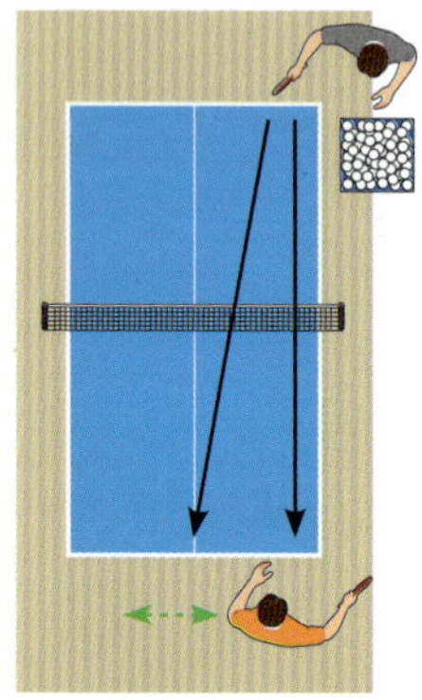

미들과 포어사이드로 번갈아 오는 하회전 공을 포핸드 드라이브로 받아친다

지도자 MEMO

한 코스의 다구 연습으로 드라이브가 안정화되면 좌우 풋워크를 추가하여, 움직이면서도 드라이브를 정확히 넣을 수 있도록 훈련한다. 포어사이드와 미들로 2코스를 연습한 다음에는 백사이드도 추가하여 3코스(메뉴 076) 연습으로 이어간다. 더욱 실전에 가깝게 연습하려면 포핸드 하프(메뉴 077) 연습도 진행한다. 처음에는 송구 템포를 느리게 하는 편이 좋다.

하회전 공을 포핸드 드라이브 메뉴 075~077

MENU 076

3코스 풋워크 포핸드 드라이브(하회전 대응)

횟수	20회×2세트
난이도	중급

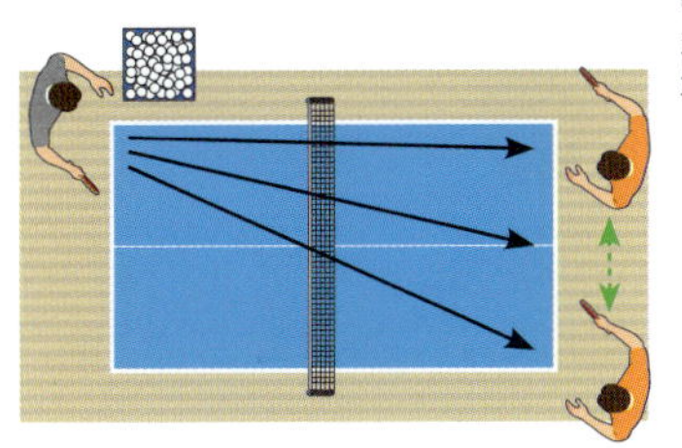

목표
메뉴 075에 백사이드 송구도 추가하여, 더욱 커다란 움직임 속에서 정확히 포핸드 드라이브를 구사할 수 있도록 한다.

3코스로 오는 하회전 공을 포핸드 드라이브로 받아친다

MENU 077

하프 랜덤 포핸드 드라이브(하회전 대응)

횟수	20회×2세트
난이도	중급

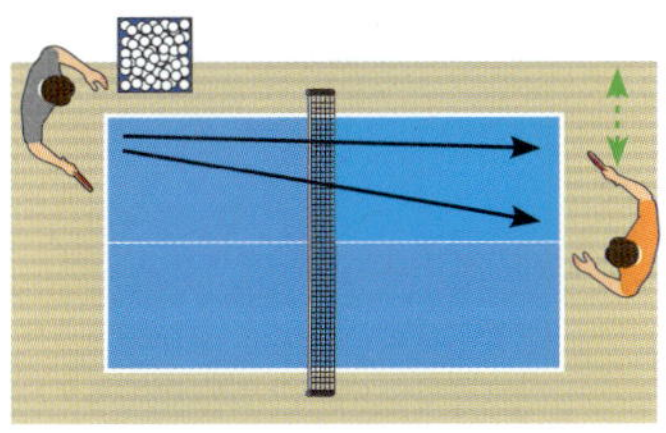

목표
메뉴 075의 랜덤 버전. 공의 위치에 따라 좌우로 움직이면서 포핸드 드라이브로 정확히 받아칠 수 있도록 한다.

포어사이드(하프)에 랜덤으로 오는 하회전 공을 포핸드 드라이브로 받아친다

MENU
078

(다구 연습/드라이브)

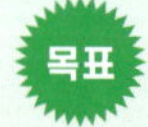

2코스 풋워크 백핸드 드라이브(하회전 대응)

횟수 20회×2세트
난이도 중급

목표 메뉴 075의 백핸드 드라이브 버전. 백사이드와 미들로 오는 공의 위치에 따라 움직이면서, 백핸드 드라이브로 정확히 받아친다.

백사이드와 미들로 번갈아 오는 하회전 공을 백핸드 드라이브로 받아친다

미들에서 백사이드로 이동한 뒤 타구하기까지의 움직임

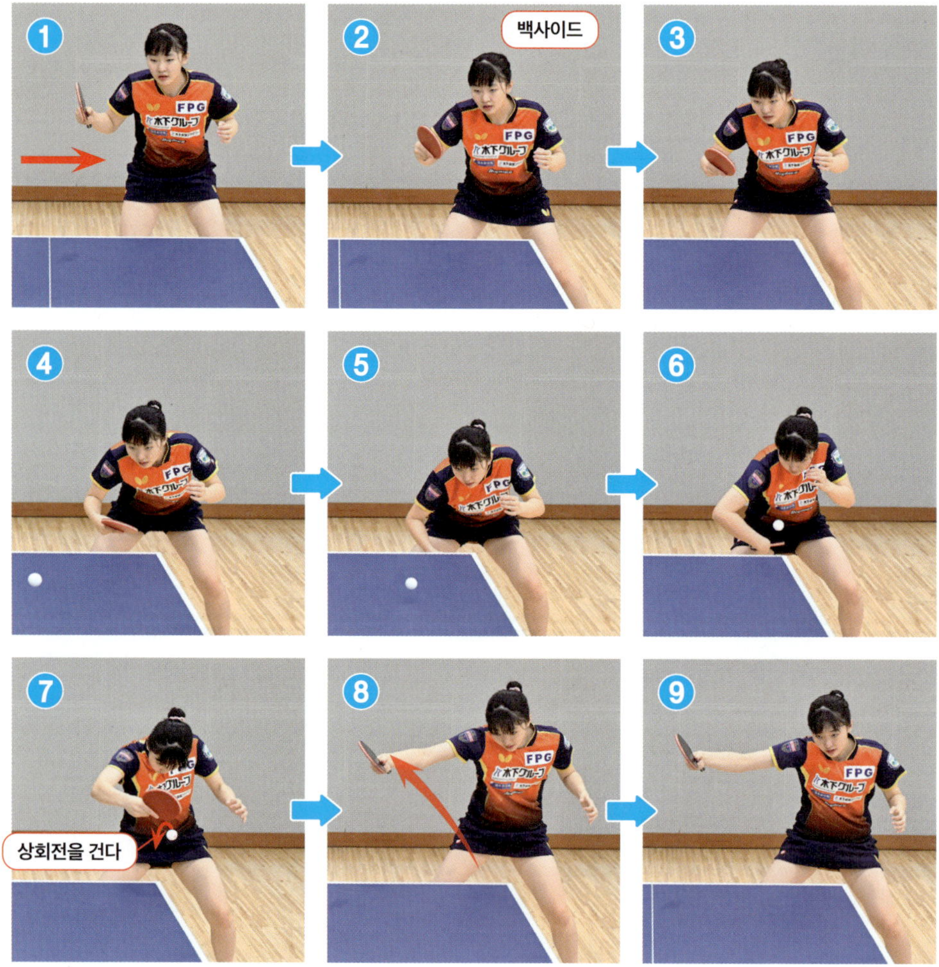

☑ **CHECK!** 몸 정면에서 공을 잡는다. 좌우로 움직이기만 하는 것이 아니라, 공의 위치에 따라 포지션을 미세하게 조정하는 데 집중한다.

☑ **CHECK!** 몸 전체를 사용하여 공을 강하게 문질러 회전을 건다.

MENU 079

다구 연습/드라이브

3코스로 포핸드 드라이브(포어사이드부터)

횟수 20회×2세트
난이도 중급

목표 메뉴 010의 포핸드 드라이브 버전. 포어사이드에서 3코스로 나눠 치는 연습을 통해 포핸드 드라이브의 정확성을 높인다.

포어사이드로 오는 하회전 공을 상대의 포어사이드·미들·백사이드의 3코스로 나눠 포핸드 드라이브로 받아친다

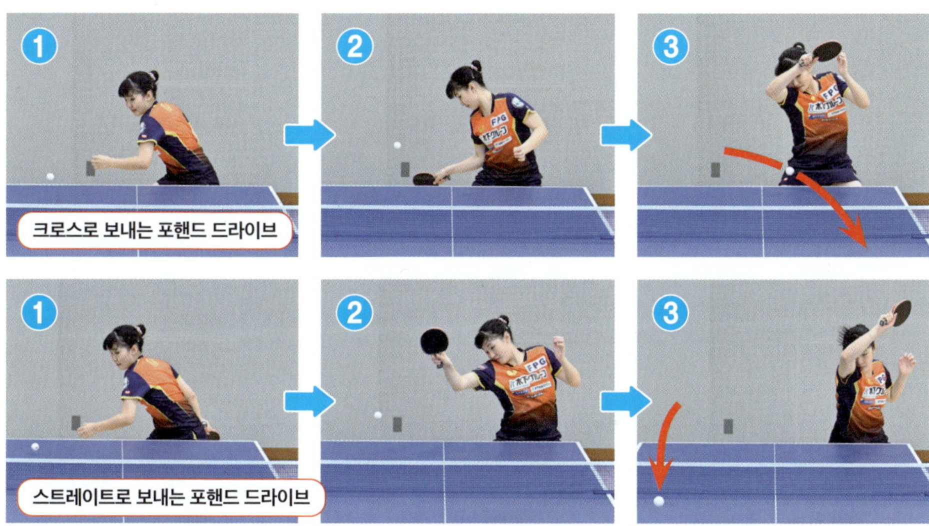

조언 코스의 정확성뿐만 아니라 힘 조절 능력도 중요하다. 거리가 짧은 스트레이트로 보내는 타구는 크로스로 보내는 것보다 힘을 살짝 절제해서 친다. 드라이브를 3코스로 정확히 칠 수 있게 되면, 되도록 똑같은 자세로 타구하여 상대가 코스를 파악하기 어렵게 하는 데 집중하자.

MENU 080

다구 연습/드라이브

3코스로 포핸드 드라이브(백사이드부터)

횟수 20회×2세트
난이도 중급

목표 079의 백사이드 타구 버전. 백사이드에서 포핸드 드라이브로 3코스를 정확히 공략할 수 있도록 한다.

백사이드로 오는 하회전 공을 3코스로 나눠 포핸드 드라이브로 받아친다

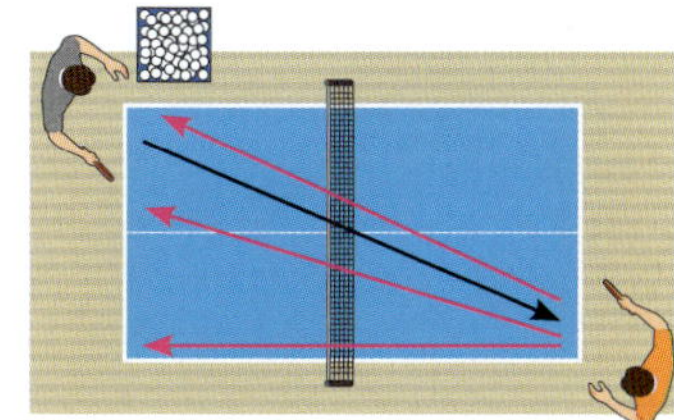

(다구 연습/드라이브)

3코스로 백핸드 드라이브(백사이드부터)

횟수　20회×2세트
난이도　중급

목표　메뉴 080의 백핸드 드라이브 버전. 백사이드에서 백핸드 드라이브로 3코스를 정확히 공략할 수 있도록 한다.

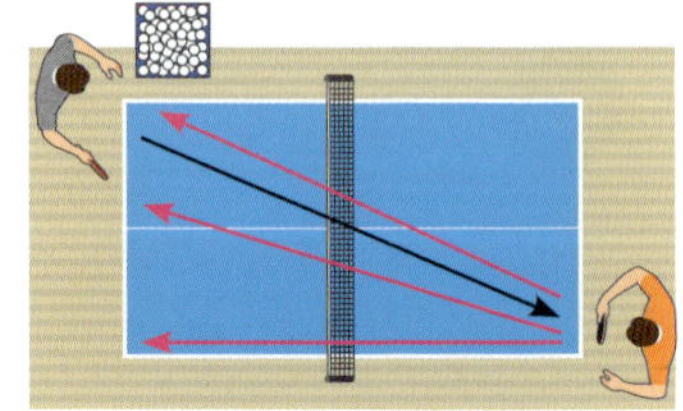

백사이드로 오는 하회전 공을 3코스로 나눠 백핸드 드라이브로 친다

(다구 연습/드라이브)

양사이드로 번갈아 오는 공을 양핸드 드라이브

횟수　20회×2세트
난이도　중급

목표　포핸드 드라이브와 백핸드 드라이브의 기술력을 높이고, 양 사이드로 오는 하회전 공을 미스 없이 받아칠 수 있도록 한다.

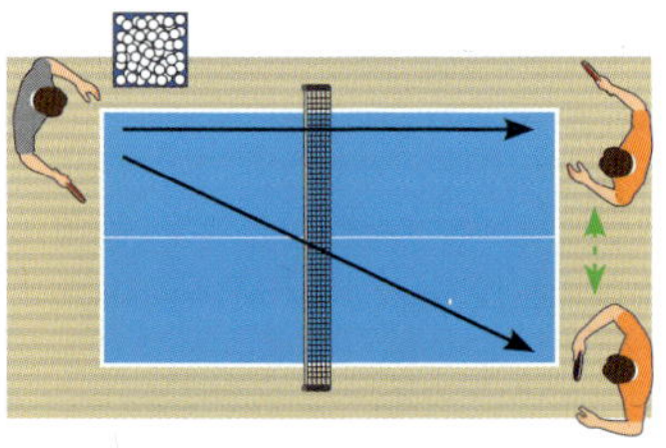

양사이드로 번갈아 오는 하회전 공을 포핸드와 백핸드 드라이브로 받아친다

하회전 공에 대한 포핸드·백핸드 드라이브　메뉴 082, 083

MENU
083

다구 연습/드라이브

양핸드 랜덤 드라이브

횟수 20회×2세트
난이도 상급

목표 메뉴 082의 랜덤 버전. 양사이드 중 어디로 공이 올지 모르는 상황에서, 재빨리 코스를 판단하여 포핸드 드라이브와 백핸드 드라이브로 미스 없이 받아칠 수 있도록 한다.

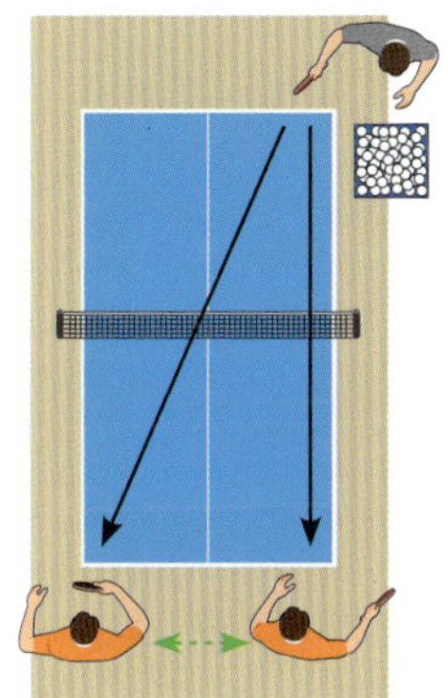

◄-- 사람의 움직임
◄--- 자신이 친 공
◄--- 상대가 친 공

포어사이드와 백사이드로 랜덤하게 오는 하회전 공을, 포핸드 드라이브와 백핸드 드라이브로 받아친다

지도자 MEMO

어디로 푸시가 올지 모르는, 실전과 동일한 상황에서의 드라이브 연습이다. 경기에서 드라이브를 넣지 못하는 사람은 규칙적으로 오는 공만 연습하지 말고, 이처럼 실전과 같은 연습도 꾸준히 하자. 먼저 양사이드(2코스)로 진행하다가, 익숙해지면 미들로 오는 공도 섞어 3코스로 연습한다. 미들은 기본적으로 포핸드 드라이브로 타구한다.

다구 연습/드라이브

하프롱 볼에 대응하는 포핸드 드라이브

횟수 20회×2세트
난이도 상급

목표 다구 형식으로, 테이블 끝으로 나갈 듯 말 듯 날아오는 하프롱 볼을 포핸드 드라이브로 공격할 수 있도록 한다.

하프롱 볼을 포핸드 드라이브로 타구한다

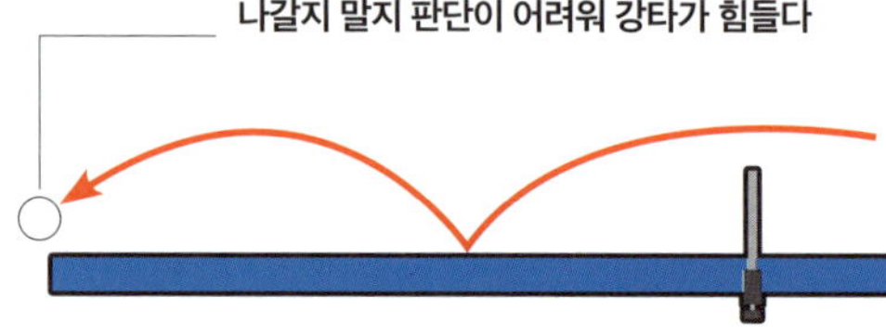

하프롱 볼의 대응　메뉴 084, 085

조언

하프롱이란, 상대 코트에서 두 번째 바운드가 테이블 끝으로 나갈 듯 말 듯 아슬아슬한 공을 말한다. 받아치는 입장에서는 공을 끌어당겨 강하게 칠지, 테이블 위에서 칠지 망설여지기 때문에 강타하기 어려운 특징이 있다. 중급 이상 수준에서는 서비스할 때 의도적으로 하프롱 볼을 넣어 상대의 공격을 막는 전술이 자주 쓰인다.

1 발을 앞으로 내밀고 몸을 테이블 가까이 붙이면서 백스윙한다

[일반적으로 서는 위치]

[하프롱 볼일 때 서는 위치]

☑ **CHECK!**

공과 테이블에 가까이 다가가 타구한다. 포어사이드로 오는 공에 접근할 때는 오른발을 앞으로 내미는 자세도 좋다.

☑ **CHECK!**

백스윙할 때는 라켓을 아래로 내리지 말고 약간 높게 유지한다.

다구 연습/드라이브

포핸드 드라이브 길이 조절 훈련

횟수　20회×2세트
난이도　상급

목표　평소 길이의 공과 하프롱 볼을 교대로 송구받아, 각각의 차이를 의식하면서 정확히 구분하여 친다.

긴 공과 하프롱 볼을 1개씩 송구받아 포핸드 드라이브로 받아친다

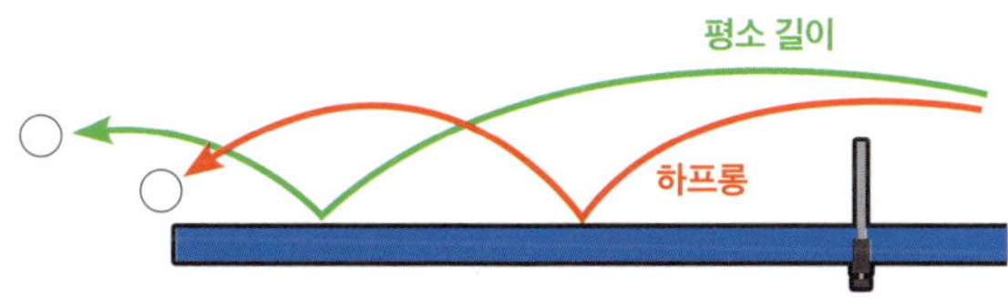

조언

전후 포지셔닝을 의식하면서 적절한 위치에서 타구하자. 먼저 1개씩 교대로 공을 받다가, 익숙해지면 랜덤으로 받으며 공의 길이를 판단하여 나눠 칠 수 있도록 한다.

2　테이블 위에서 공을 잡는다는 느낌으로 전방에 스윙한다

조언

하프롱 볼은 공이 테이블 밖으로 튀어 나갈지 말지를 판단한 뒤에 쳐서는 강타를 만들 수 없으므로, 기본적으로는 테이블 위에서 공을 잡는다고 생각하자. 백스윙할 때 라켓을 아래로 내리면 테이블 위에서 공을 칠 수 없으므로, 뒤로 빼서 라켓을 높게 유지하는 것이 포인트다.

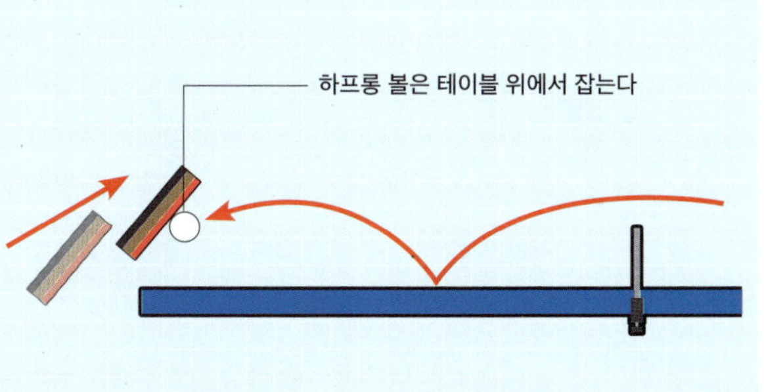

백핸드 푸시→포핸드 드라이브

횟수   20회×2세트
난이도   중급

목표 경기에서 자주 등장하는 푸시 후의 드라이브 공격 패턴을 강화한다. 다양한 기술을 조합한 상황에서도 정확히 드라이브를 칠 수 있도록 한다.

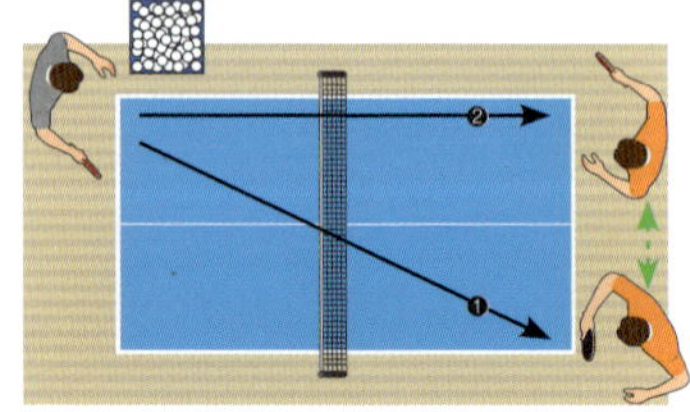

백사이드로 오는 하회전 공을 백핸드 푸시,
포어사이드로 오는 하회전 공을 포핸드 드라이브로 받아친다

백핸드 푸시 후 포핸드 드라이브의 움직임   메뉴 086

(다구 연습/드라이브)

백핸드 푸시→돌아서서 포핸드 드라이브

횟수　20회×2세트
난이도　중급

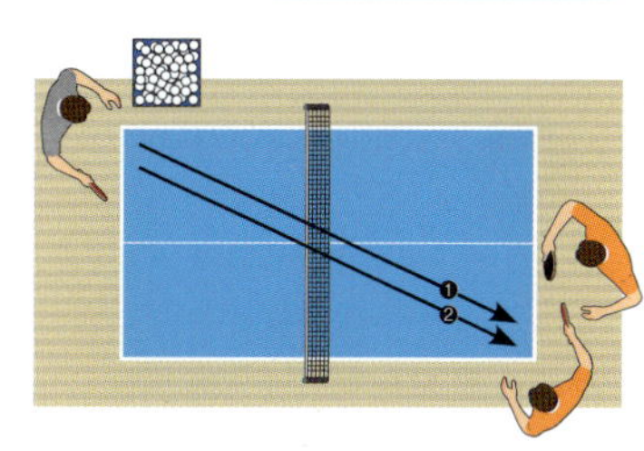

목표　백사이드로 두 번 오는 하회전 공을 백핸드 푸시한 후 돌아서서 포핸드 드라이브로 받아치는 연습. 같은 방식으로 백핸드 드라이브도 진행하여, 푸시 후 공격하는 패턴을 강화한다.

백사이드로 두 번 오는 하회전 공을 첫 번째는 백핸드 푸시,
두 번째는 돌아서서 포핸드 드라이브로 받아친다

④

⑤

⑥

⑩

⑪

⑫

드라이브 집중 훈련을 통해 어느 정도 안정적으로 공을 칠 수 있게 되면 푸시를 조합한 연습을 진행한다. 푸시 후 드라이브로 이어지는 패턴은 실전 경기에서 상당히 많이 벌어지는 전개다. 이때 신경 써야 할 점은 푸시 후에 빠르게 기본 자세로 복귀하는 것이다. 푸시 이후 재빨리 기본 자세로 돌아와야 다음 드라이브를 안정적으로 칠 수 있다. '공격' 의식을 가지는 것 또한 중요하다. 자신이 푸시한 뒤에는 상대도 푸시로 받아치는 경우가 많으므로, 공격 자세를 취하고 준비하자.

☑ CHECK!

푸시한 후에는 재빨리 드라이브 포지션으로 넘어간다(푸시할 때의 위치에서 그대로 드라이브를 치지 않는다).

포핸드 푸시→백핸드 드라이브

횟수　20회×2세트
난이도　중급

목표 푸시에 대응하는 백핸드 드라이브의 안정성을 높여 포핸드 푸시 후의 전개를 강화한다.

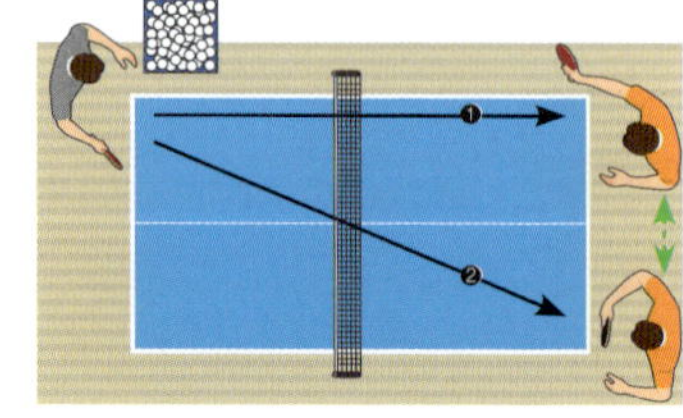

포어사이드로 오는 하회전 공을 포핸드 푸시,
백사이드로 오는 하회전 공을 백핸드 드라이브로 받아친다

포핸드 푸시에서 백핸드 드라이브의 움직임　메뉴 088

MENU 089

포핸드 푸시→돌아서서 포핸드 드라이브

횟수　20회×2세트
난이도　중급

목표　메뉴 088의 2구째를 돌아서서 포핸드 드라이브로 받아치는 연습. 백사이드로 오는 푸시에 대응하는 공격 패턴을 강화한다.

포어사이드로 오는 하회전 공을 포핸드 푸시,
백사이드로 오는 하회전 공을 돌아서서 포핸드 드라이브로 받아친다

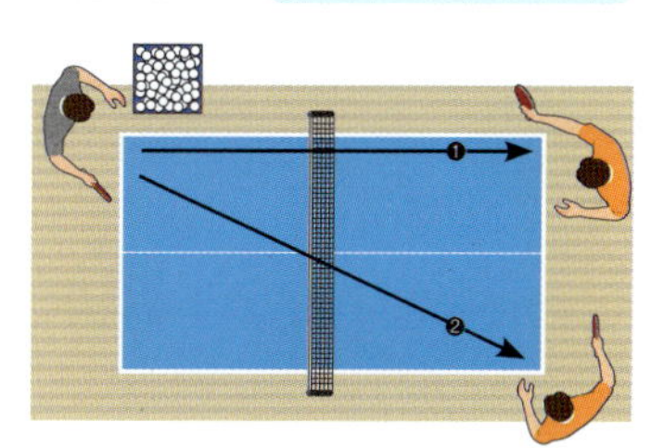

④

⑤

⑥

⑩

⑪

⑫

푸시 후 드라이브로 이어지는 패턴을 연습할 때는 푸시를 확실하게 구사하는 것도 중요하다. 푸시가 약하면 상대에게 먼저 공격당하게 되어 주도권을 놓치게 된다. 상대가 푸시하도록 유도하려면, 자신의 푸시가 낮고 회전이 강하게 걸려 있으며 코스가 까다로워 치기 힘들 정도로 질이 높아야 한다. 탁구에서 어떤 타구가 잘 풀리지 않는다면, 그 직전에 제대로 리턴하지 못해서인 경우가 많다. 드라이브에만 집중하지 말고, 그 직전의 푸시도 신중하게 하도록 하자.

☑ CHECK!

포핸드 푸시 후 조금 거리를 두고 백핸드 드라이브를 친다(테이블 가까이에서 치지 않는다).

하회전 대응 포핸드 드라이브→
상회전 대응 포핸드 드라이브

횟수 20회×2세트
난이도 중급

목표 상대의 푸시와 블록을 포핸드 드라이브로 공격하는 전개를 강화한다. 두 가지의 포핸드 드라이브를 정확히 구분하여 친다.

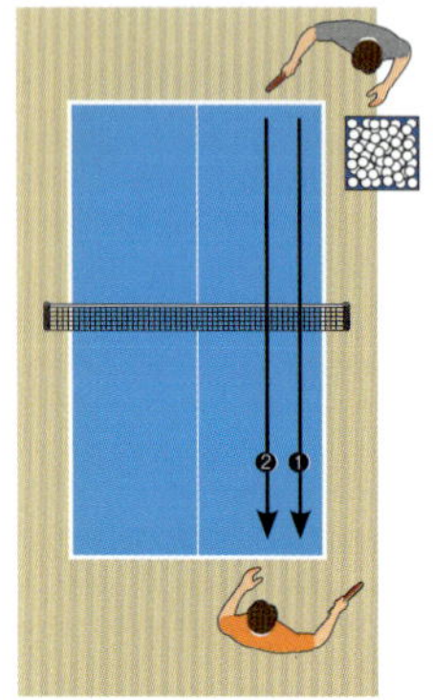

포어사이드에 하회전→상회전 순서로 오는 공을 각각 포핸드 드라이브로 타구한다

조언

구질이 다른 상대의 리턴을 포핸드 드라이브로 연타하기 위한 연습이다. 실전에서 많이 발생하는 상황이므로 안정적으로 타구할 수 있도록 하자. 미스가 많은 사람은 백스윙을 점검하자. 하회전 공을 칠 때는 라켓을 내리지만, 상회전 공을 같은 방식으로 처리하면 오버 미스가 발생하므로 이때는 라켓을 높게 유지해야 한다. 또한, 바운드 후 속도가 떨어지는 하회전 공과 달리 상회전 공은 길게 뻗어 날아오므로, 각각의 타이밍을 맞추는 데도 집중해야 한다. 처음에는 미스 없이 처리한다는 마음으로 약하게 스윙하다가 점차 위력을 높여 간다.

◀--- 사람의 움직임   ◀━ 자신이 친 공
◀━ 상대가 친 공

①

하회전 대응

②

③

⑦

상회전 대응

⑧

⑨

[하회전 대응]

☑ **CHECK!** 공을 끌어당겨 타구한다(바운드 때문에 공의 속도가 떨어지므로).

[상회전 대응]

☑ **CHECK!** 백스윙할 때 라켓을 너무 내리지 말고, 조금 높이 해서 간결한 스윙으로 타구한다(바운드 때문에 공이 길게 뻗어 와서 타이밍을 잡기 어려우므로).

다구 연습/드라이브

하회전 대응 포핸드 드라이브→
상회전 대응 백핸드 드라이브

횟수　20회×2세트
난이도　중급

목표
메뉴 090의 2구째를 백핸드 드라이브로 치는 연습. 포핸드 드라이브 후 백핸드 드라이브로 자연스럽게 이어지는 동작을 강화한다.

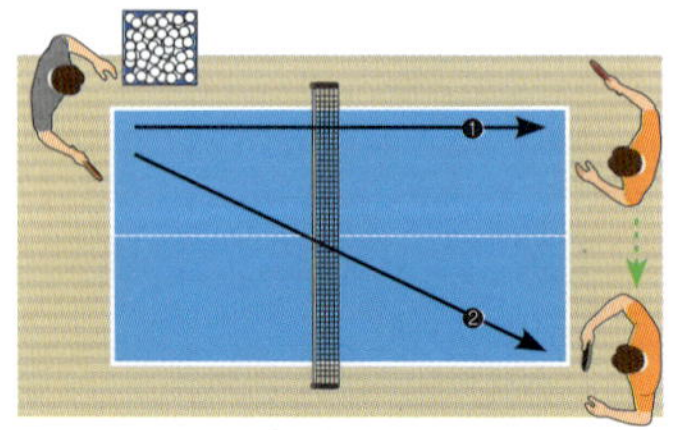

포어사이드로 오는 하회전 공을 포핸드 드라이브,
백사이드로 오는 상회전 공을 백핸드 드라이브로 받아친다

다구 연습/드라이브

하회전 대응 포핸드 드라이브→
상회전 대응 양핸드 드라이브

횟수　20회×2세트
난이도　중급

목표
메뉴 090의 2구째 상회전 공이 올 코트 랜덤으로 오는 실전 연습. 포핸드 드라이브 후 양핸드로 공격하는 전개를 강화한다.

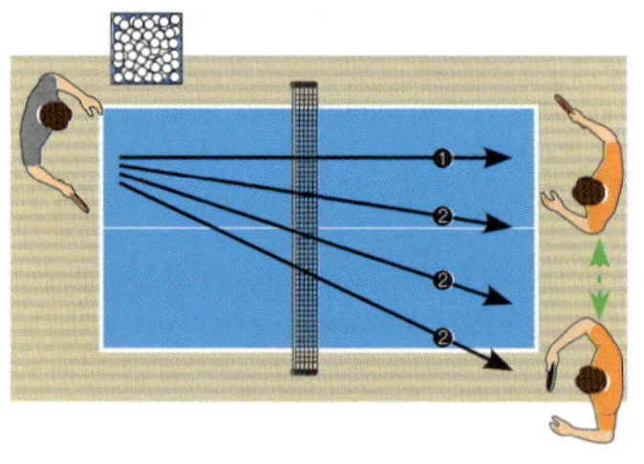

포어사이드로 오는 하회전 공을 포핸드 드라이브,
올 코트 랜덤으로 오는 상회전 공을 양핸드 드라이브로 대응한다

하회전, 상회전 공에 대응하는 백핸드 드라이브　　메뉴 094

(다구 연습/드라이브)

하회전 대응 백핸드 드라이브→
상회전 대응 포핸드 드라이브

횟수 20회×2세트
난이도 중급

목표 하회전에 대응하는 백핸드 드라이브 후 상대의 블록을 포핸드 드라이브로 공격하는 전개를 강화한다.

백사이드로 오는 하회전 공을 백핸드 드라이브,
포어사이드로 오는 상회전 공을 포핸드 드라이브로 받아친다

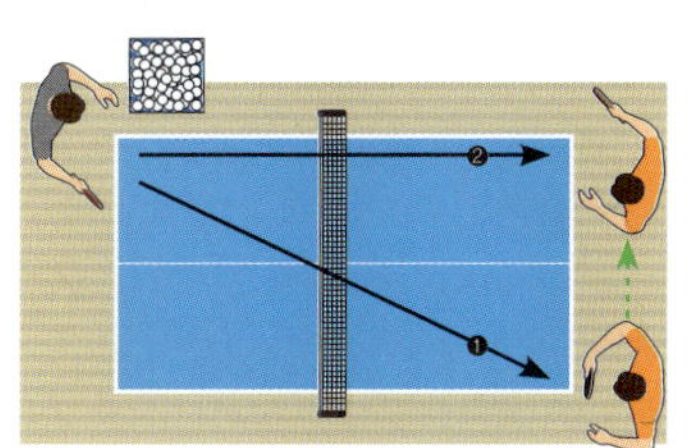

(다구 연습/드라이브)

하회전 대응 백핸드 드라이브→
상회전 대응 백핸드 드라이브

횟수 20회×2세트
난이도 중급

목표 메뉴 093에서 2구째를 백핸드 드라이브로 받아치는 연습.
하회전과 상회전, 두 종류의 공을 백핸드 드라이브로 정확히 대응할 수 있도록 한다.

백사이드에 하회전→상회전 순서로 오는 공을 각각 백핸드
드라이브로 타구한다※

※ 아래 사진 참고

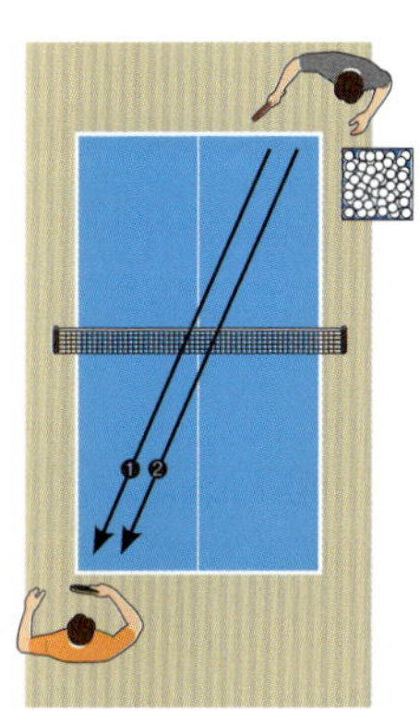

조언

백핸드 드라이브를 할 때 백스윙 높이를 신경 쓰면, 하회전과 상회전 모두 대응할 수 있다. 사진을 보면 하회전 대응(사진❸)과 상회전 대응(사진❽)에서의 라켓 위치가 다르다.

다구 연습/드라이브

하회전 대응 백핸드 드라이브→ 상회전 대응 양핸드 드라이브

횟수　20회×2세트
난이도　중급

목표　메뉴 092를 백핸드 드라이브로 시작하는 연습. 백핸드 드라이브 후 양핸드로 공격하는 전개를 강화한다.

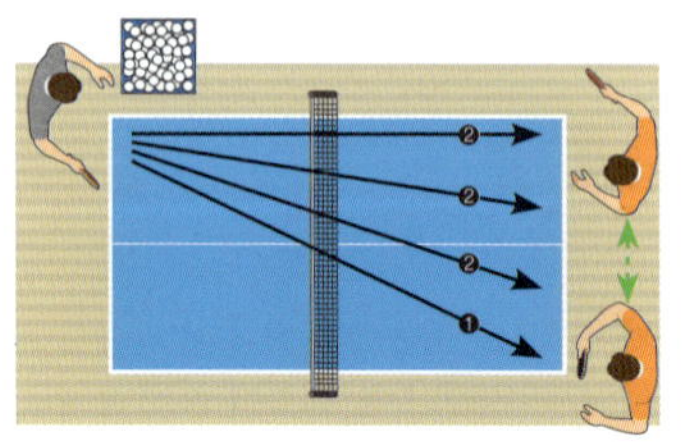

백사이드로 오는 하회전 공을 백핸드 드라이브,
올 코트 랜덤으로 오는 상회전 공을 양핸드 드라이브로 대응한다

다구 연습/드라이브

하회전 대응 양핸드 드라이브→ 상회전 대응 양핸드 드라이브

횟수　20회×2세트
난이도　중급

목표　올 코트 랜덤으로 오는 공 2개를 드라이브로 처리하는 실전에 가까운 연습이다. 공이 어디로 올지 모르는 상황에서 미스 없이 드라이브 연타가 가능하도록 한다.

첫 번째는 올 코트로 하회전, 두 번째는 올 코트로 상회전 공을 받아 양핸드 드라이브로 대응한다

백핸드 푸시→백핸드 드라이브→포핸드 드라이브　메뉴 098

MENU 097

다구 연습/드라이브

푸시→드라이브 연타(백핸드 푸시→포핸드 드라이브→백핸드 드라이브)

횟수　20회×2세트
난이도　중급

목표 푸시 후 드라이브 연타로 공격하는 전개를 강화하는 연습. 각각의 기술을 미스 없이 구사할 수 있도록 한다.

백핸드 푸시→하회전 대응 포핸드 드라이브→상회전 대응 백핸드 드라이브의 3구 세트를 반복한다

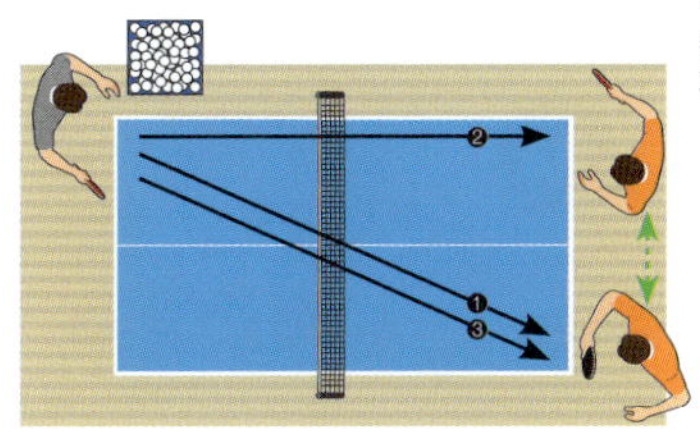

MENU 098

다구 연습/드라이브

푸시→드라이브 연타(백핸드 푸시→백핸드 드라이브→포핸드 드라이브)

횟수　20회×2세트
난이도　중급

목표 메뉴 097의 다른 버전. 푸시 후 드라이브 연타로 공격을 전개할 때 타구의 안정성과 질을 높인다.

백핸드 푸시→하회전 대응 백핸드 드라이브→상회전 대응 포핸드 드라이브의 3구 세트를 반복한다※

※ 아래 사진 참고

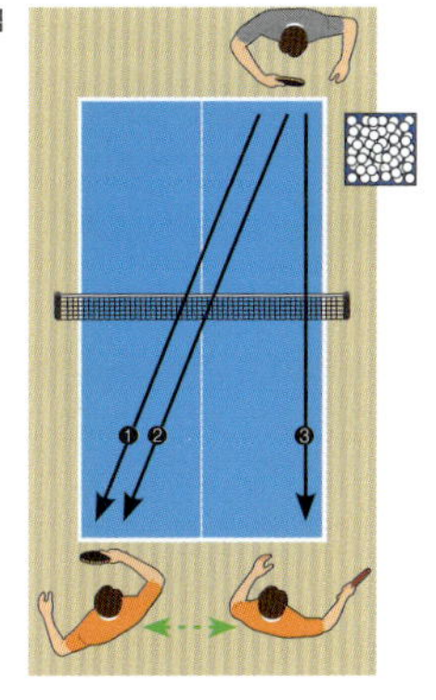

지도자 MEMO

푸시 후 드라이브 전개를 단련하는 3구 세트 다구 연습도 진행하자. 여기서는 두 가지 패턴을 소개했지만, 다른 조합으로도 응용할 수 있다. 규칙적인 연습으로 타구가 안정되면, 무작위로 패턴을 추가하여 실전에 가까운 연습을 실시하자.

포핸드 푸시→백핸드 블록

횟수　20회×2세트
난이도　중급

목표　포핸드 푸시로 받아치고, 상대로부터 백사이드로 드라이브를 맞는 전개를 가정한 블록 강화 연습. 상대에게 공격당했을 때 블록으로 대응하는 힘을 기른다.

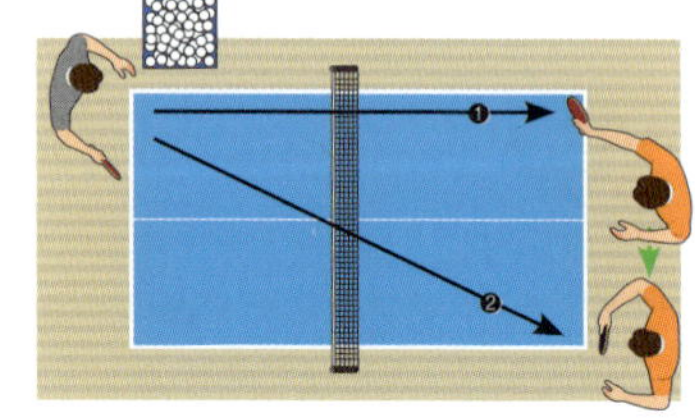

포어사이드로 오는 하회전 공을 포핸드 푸시,
백사이드로 오는 상회전 공(드라이브)을 백핸드 블록으로 받아친다

조언　실전에 대비하여 수비의 전개도 연습하자. 푸시 후 블록을 구사하는 흐름으로 연습하면 수비력이 한층 높아진다. 신경 써야 할 점은 푸시 후 빠른 복귀다. 푸시할 때 앞으로 나왔다가, 그 자리에서 블록하지 않고 기본 위치로 돌아오면 안정적으로 타구할 수 있다.

백핸드 푸시→포핸드 블록

횟수　20회×2세트
난이도　중급

목표　메뉴 099의 포핸드 블록 버전. 포어사이드로 공격받는 상황의 대응력을 강화한다.

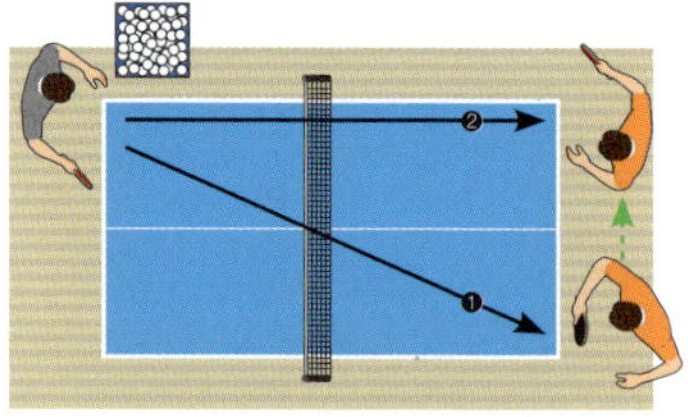

백사이드로 오는 하회전 공을 백핸드 푸시,
포어사이드로 오는 상회전 공(드라이브)을 포핸드 블록으로 받아친다

포핸드 푸시 후 포핸드 블록으로의 움직임　메뉴 102

MENU 101

다구 연습/블록

포핸드 푸시→양핸드 블록(교대)

횟수　20회×2세트
난이도　중급

목표　메뉴 099와 100이 가능해지면, 양핸드 블록을 조합하여 안정적으로 받아치는 연습을 한다(백핸드 푸시부터 시작하는 패턴도 진행한다).

포핸드 푸시 후 백핸드 블록, 포핸드 푸시 후 포핸드 블록을 교대로 진행한다

MENU 102

다구 연습/블록

포핸드 푸시→올 코트 랜덤 블록

횟수　20회×2세트
난이도　상급

목표　실전형 블록 강화 연습. 어느 쪽으로 드라이브가 올지 알 수 없는 상황에서, 상대의 스윙을 보고 코스를 판단한 후 양핸드 블록으로 받아친다.

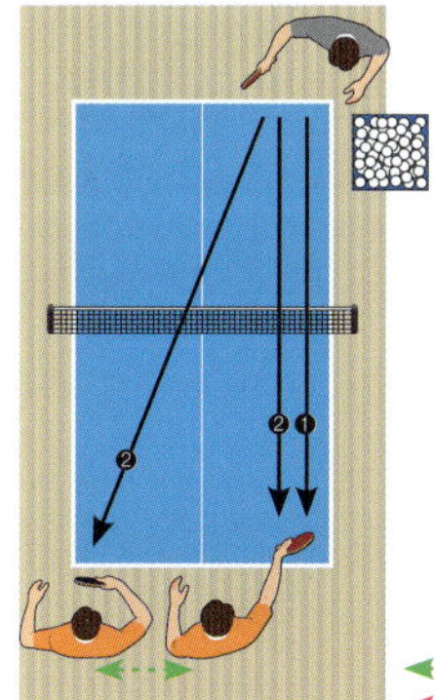

포핸드 푸시 후 양사이드로 랜덤하게 오는 드라이브를 양핸드 블록으로 받아친다[※]

※ 아래 사진 참조

지도자 MEMO

블록은 상대의 타구 코스를 신속히 판단하고 대응하는 것이 중요하다. 이 연습을 할 때도 푸시 후에 송구자의 라켓과 스윙에 주목하는 것이 포인트다. 관찰하는 눈을 기르기 위해서라도 초급 단계에서부터 어디로 드라이브가 오는지 알 수 없는 랜덤 메뉴를 같이 훈련하자.

(기술/카운터)

포핸드 카운터 드라이브

횟수 20회×2세트
난이도 상급

기술 해설 상대의 드라이브를 테이블과 가까운 전진에서 포핸드 드라이브로 받아치는 테크닉. 안정성을 중시하는 블록과 비교하면 리스크가 있고 난이도 또한 높다.

① 평소 드라이브보다 간결하게 백스윙한다

② 제대로 회전을 걸어 받아친다

조언 드라이브를 블록할 수 있게 되면, 드라이브를 드라이브로 받아치는 카운터에도 도전하자. 경기 수준이 올라갈수록 수비만 해서는 상대를 이길 수 없고, 카운터로 반격하는 플레이가 필요해진다. 카운터는 손만 휘두르는 것이 아니라 허리를 이용해 공을 치는 느낌이 중요하다.

MENU 104

(기술/카운터)

백핸드 카운터 드라이브

횟수 20회×2세트
난이도 상급

기술 해설 상대의 드라이브를 테이블과 가까운 전진에서 백핸드 드라이브로 받아치는 테크닉. 블록보다 타이밍 맞추기가 어려우며, 중·상급 정도 수준이 요구되는 기술이다.

① 공의 위치에 따라 복부 쪽으로 라켓을 당긴다

② 공의 윗면을 잡으면서 회전을 건다

조언 카운터는 상대가 보낸 공의 기세를 이용하는 느낌으로 치는 것이 포인트다. 자신의 힘으로 공을 날리려고 하면 오버 미스를 범하기 쉬우므로, 되도록 힘을 뺀 채 회전을 건다. 우선 다구 방식으로 동일한 코스로 드라이브를 송구받아, 카운터를 미스 없이 넣을 수 있도록 연습하자.

백핸드 푸시→포핸드 카운터

횟수　20회×2세트
난이도　상급

목표　메뉴 100의 카운터 버전. 푸시 후 전개되는 상황에서 포핸드 카운터의 안정성을 높인다. 백핸드 카운터 버전도 동일하게 진행한다.

**백사이드로 오는 하회전 공을 백핸드 푸시,
포어사이드로 오는 드라이브를 포핸드 카운터로 받아친다**

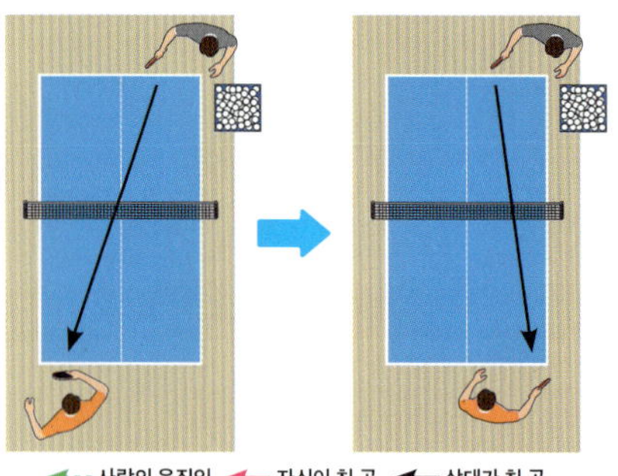

조언

카운터 단독 연습에 익숙해지면 블록 연습과 동일하게 푸시 후의 전개로 연습한다. 푸시 후에는 라켓을 높이 들어야 블록과 카운터가 수월해지므로, 라켓을 아래로 늘어뜨리지 않도록 주의하자.

푸시→올 코트 랜덤 카운터

횟수　20회×2세트
난이도　상급

목표　메뉴 105의 2구째 드라이브를 올 코트 랜덤으로 한 버전. 어디로 올지 모르는 드라이브를 양핸드 카운터로 대응하는 상급자 대상 훈련이다.

**백사이드로 오는 하회전 공을 백핸드 푸시,
양사이드로 오는 드라이브를 양핸드 카운터로 받아친다**

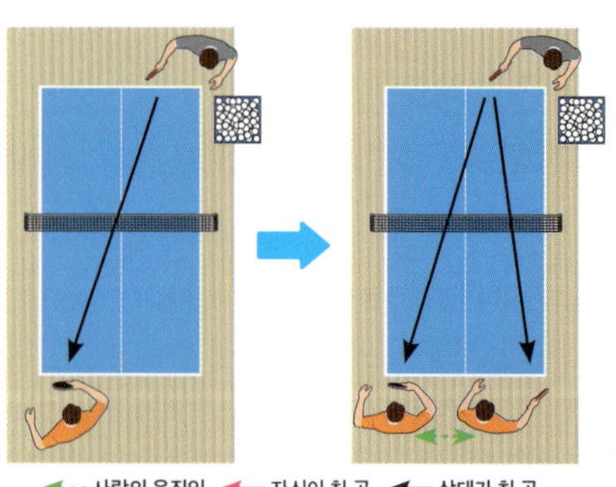

조언

올 코트로 오는 드라이브를 카운터로 받아치는 것을 목표로 훈련한다. 블록과 마찬가지로 상대의 스윙을 보고 빠르게 코스를 판단하는 것이 중요하므로, 푸시 후에는 재빨리 복귀하면서 상대의 움직임을 주목하자. 기본 자세보다는 '백핸드 대기' 상태로 있는 것이 올 코트 드라이브에 대응하기 수월하다.

MENU 107

다구 연습/드라이브

회전량이 다른 하회전에 대응하는 드라이브

횟수　20회×2세트
난이도　중급

목표 다양한(회전량이 다른) 하회전 공을 포핸드 드라이브로 받아치는 연습. 상대의 구질을 파악하여 대응하는 힘을 기른다.

다양한 회전량의 하회전 공을 받아 구질을 파악하면서 포핸드 드라이브로 받아친다

조언

드라이브의 안정성을 강화하기 위해서는 다양한 회전량의 하회전 공에 대비하는 연습이 필요하다. 평소 똑같은 하회전 공으로만 연습하면, 경기에서 다른 구질의 푸시가 왔을 때 제대로 대응하지 못하고 실수하기 십상이다. 일반적인 푸시뿐만 아니라 너클, 강한 하회전, 횡하회전, 스피드가 있는 공격적인 푸시 등 다양한 회전의 공을 규칙적으로 송구받아 드라이브로 받아치는 연습을 하자. 어느 정도 구분하여 공을 칠 수 있게 되면 상대의 스윙을 보고 구질을 파악하는 능력도 익혀야 하므로, 다양한 하회전 공을 불규칙하게 보내주는 훈련도 진행한다. 위의 사진은, 강한 하회전 공과 약한 하회전 공을 송구하는 모습이다. 강한 하회전에서는 공의 밑면을 강하게 문질러 넣고, 약한 하회전에서는 라켓을 살짝 세운 채 문지르지 않고 밀어내듯이 공을 넣는다.

다구 연습/드라이브&블록

두 사람이 실시하는 다구 연습 ①
돌아서서 드라이브→블록

횟수　20회×2세트
난이도　중급

목표 선수 두 명이 실시하는 다구 연습. 한 사람은 하회전 공을 백사이드로 돌아서서 포핸드 드라이브, 다른 한 사람은 백핸드 블록을 실시한다.

① 송구자는 A의 백사이드로 하회전 공을 보낸다

② A는 백사이드로 돌아서서 포핸드 드라이브로 B의 백사이드에 타구한다

☑ **CHECK!**
드라이브 담당은 매번 돌아서기 동작을 한다 (돌아선 상태로 대기하지 않는다).

③ A의 드라이브를 B가 백핸드 블록으로 받아친다

☑ **CHECK!**
블록 담당은 공의 위치에 맞춰 포지션을 미세하게 조정한다(발을 멈춘 채 손만으로 대응하지 않는다).

지도자 MEMO

두 사람이 실시하는 다구 연습은, 양쪽 선수가 동시에 훈련할 수 있어 효율적이므로 추천하는 메뉴다. 블록 담당은 송구자가 아니라 선수가 보낸 공을 받으므로, 실전과 같은 드라이브를 대비하는 연습이 가능하다는 장점이 있다. 두 사람이 실시하는 다구 연습은 어떻게 조합하느냐에 따라 다양하게 응용할 수 있으므로, 이 책에서 소개하는 메뉴 외의 연습법도 만들어 실시해보자.

MENU 109

두 사람이 실시하는 다구 연습 ②
돌아서서 드라이브→올 코트 블록

횟수 20회×2세트
난이도 상급

목표 메뉴 108의 드라이브 담당은 코스를 자유롭게 정하고, 블록 담당은 양핸드로 받아치는 연습이다. 드라이브 담당은 코스 공략, 블록 담당은 대응력을 높일 수 있다.

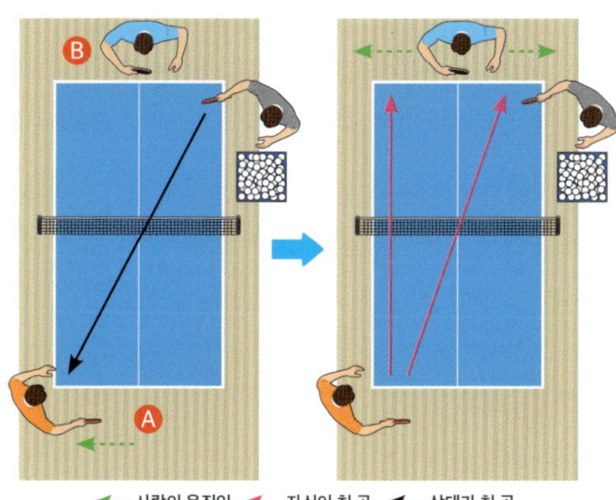

◀--- 사람의 움직임　◀── 자신이 친 공　◀── 상대가 친 공

올 코트로 치는 드라이브를 양핸드로 블록

송구자가 A의 백사이드로 하회전 공을 보내면, A는 백사이드로 돌아서서 포핸드 드라이브로 B의 올 코트에 타구한다. B는 양핸드 블록으로 받아친다.

☑ CHECK!

블록 담당(B)은 상대의 스윙에 주목하여 신속히 코스를 판단한다. 또한, 공격받은 코스로 발을 내밀며 몸을 공 가까이 가져간다. 백핸드 자세로 준비하는 것이 기본이다.

MENU 110

두 사람이 실시하는 다구 연습 ③
푸시 후 전개

횟수 20회×2세트
난이도 상급

목표 메뉴 109에 푸시를 추가한 버전. A는 푸시 후 백사이드로 돌아서서 B의 올 코트로 포핸드 드라이브, B는 푸시 후 양핸드 블록으로 받아친다.

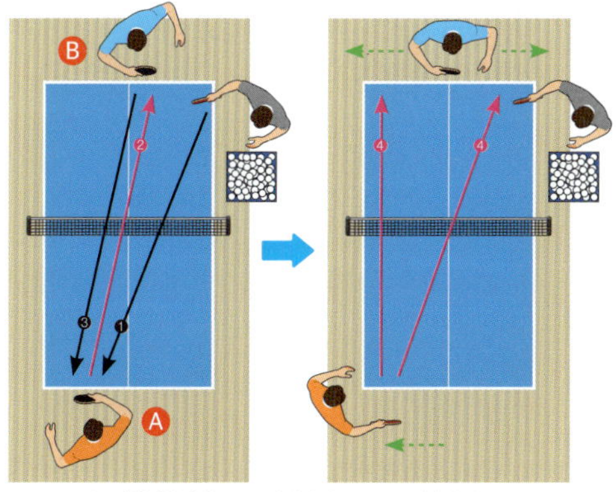

◀--- 사람의 움직임　◀── 자신이 친 공　◀── 상대가 친 공

푸시 후 드라이브&블록

송구자가 A의 백사이드로 하회전 공을 보내면, A와 B는 서로 한 번씩 백핸드 푸시로 받아친다. 그다음 A는 백사이드로 돌아서서 포핸드 드라이브로 올 코트에 타구하고, B는 양핸드 블록으로 받아친다.

☑ CHECK!

푸시한 후에는 곧장 상대의 동작을 확인하여 다음 타구에 대비한다(자신이 타구한 공을 보지 않는다).

두 사람이 실시하는 다구 연습 ④
돌아서기→뛰어들기 풋워크

횟수 20회×2세트
난이도 중급

목표 메뉴 108에 뛰어들기 풋워크를 추가한 연습. 돌아서기 후 뛰어들기라는 커다란 풋워크를 훈련하며 포핸드 드라이브의 안정성을 높인다.

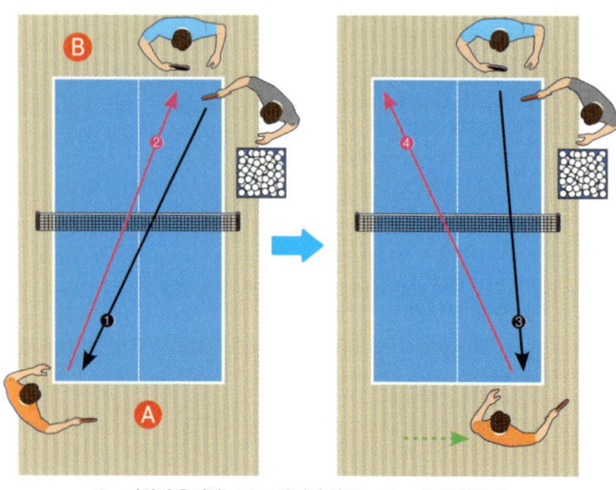

◀--- 사람의 움직임　◀— 자신이 친 공　◀— 상대가 친 공

백사이드로 돌아선 후 포어사이드 방향으로 뛰어들기 풋워크를 하며 블록을 받아친다

송구자가 A의 백사이드로 하회전 공을 보내면, A는 백사이드로 돌아서서 포핸드 드라이브로 B의 백사이드 쪽에 타구한다. B가 스트레이트 방향으로 블록하면, A는 뛰어들기 풋워크를 하며 포핸드 드라이브로 크로스에 받아친다.

☑ CHECK!

돌아서서 포핸드 드라이브를 한 뒤에는 일단 기본 자세로 돌아간다(돌아서는 위치에서 곧바로 뛰어들기 풋워크를 하지 않는다).

두 사람이 실시하는 다구 연습 ⑤
왼손잡이에 대응하는 올 코트 블록

횟수 20회×2세트
난이도 중급

목표 메뉴 109의 드라이브 역할을 왼손잡이 선수가 담당하는 연습이다. 왼손잡이 드라이브에 대응하는 블록을 익힌다.

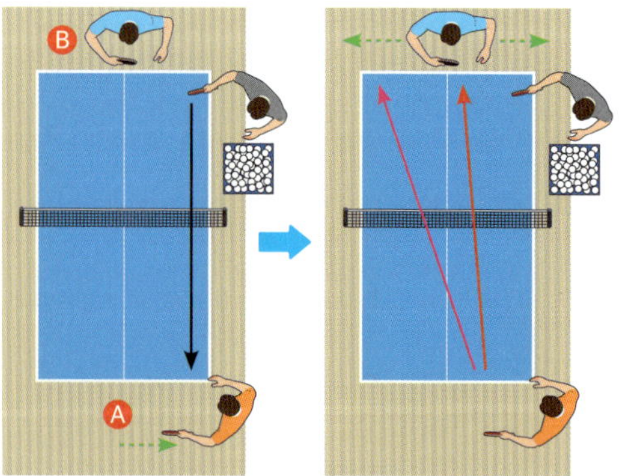

◀--- 사람의 움직임　◀— 자신이 친 공　◀— 상대가 친 공

왼손잡이 선수가 공을 올 코트에 드라이브로 치면 양핸드로 블록한다

송구자가 A(왼손잡이)의 백사이드로 하회전 공을 보내면, A는 백사이드로 돌아서서 포핸드 드라이브로 B의 올 코트에 타구한다. B는 양핸드 블록으로 받아친다.

지도자 MEMO

오른손잡이와 왼손잡이는 드라이브의 질이 다르므로, 팀에 왼손잡이 선수가 있다면 왼손잡이 드라이브에 대응하는 블록 연습도 적극적으로 진행한다.

제 5 장

서비스 테크닉

탁구에서 가장 중요하게 여겨지는 테크닉은 서비스다.
상대를 공략하고 득점 기회를 만들어내기 위한 서비스 기술을 익히자

무엇보다 제대로 회전을 거는 것이 중요

다섯 개의 코스로 정확히 공을 보낼 수 있도록 한다

탁구에서 가장 중요한 기술은 '서비스'다. 강한 서비스를 구사할 수 있다면, 3구째에서의 득점력이 높아지고 경기를 유리하게 이끌어갈 수 있다. 즉, 경기에서 이기려면 서비스의 질을 높여야 한다.

서비스를 강화할 때 가장 먼저 고려해야 하는 것은 공의 회전량이다. 회전이 약하면 상대를 압박할 수 없고 리시브에서 공격당하고 만다. 다소 미스가 생겨도 괜찮으니 회전량 향상을 목표로 서비스 연습을 실시하자. 메뉴 046의 바닥에서 하회전 공을 만드는 연습도 적극 추천한다.

다양한 회전의 공을 구사할 수 있게 되면 서비스의 효율 또한 높아진다. 한 종류의 회전만 습득하면, 아무리 회전량이 좋아도 경기 중 상대가 공에 익숙해져서 효력이 떨어진다. 하회전과 상회전, 횡회전 등 두 종류 이상의 회전을 반드시 익히도록 하자.

이 기술들을 같은 폼으로 구사하면 어떤 회전인지 상대가 판단하기 어려워 서비스가 더욱 강해진다. 108p(메뉴 114)부터는 다양한 서비스 테크닉을 각각 두 종류의 회전으로 소개하고 있으니 참고하자.

회전을 다룰 수 있게 되면 코스의 정확성에도 신경 쓰도록 한다. 공략 지점으로 정확히 공을 보내지 못하면 서비스 효과가 반감되기 때문이다. 짧은 서비스는 포어사이드 앞과 백사이드 앞, 롱 서비스는 포어사이드와 미들, 백사이드 총 5코스를 공략할 수 있도록 하자.

MENU 113

서비스 타깃 연습

시간　10분
난이도　중급

목표 목표 지점으로 공을 보내 서비스 코스의 정확성을 높이는 연습. 길고 짧은 공을 정확히 조절할 수 있도록 한다.

리시버 쪽 테이블의 ①포어사이드 앞, ②백사이드 앞, ③포어사이드, ④미들, ⑤백사이드 총 다섯 곳에 타깃을 둔 뒤 그곳을 목표로 서비스를 넣는다.

☑ **CHECK!**

단순히 볼을 타깃에 맞히기만 하지 말고, 제대로 회전을 걸어 서비스의 질을 최대한 끌어올리자.

조언 🔊

서비스의 길이 조절은, 자기 코트의 첫 바운드 위치를 신경 쓰면 더 정확해진다. 긴 서비스를 넣을 때는 자기 코트 앞에 첫 바운드를 하여 상대 코트의 엔드 라인 근처로 공이 떨어지게 하고, 짧은 서비스를 넣을 때는 테이블 중앙 근처에 바운드한다. 이 방법으로 서비스의 길이를 조절하자. 정상급 선수가 되면 상대를 속이려고 일부러 자기 코트 앞에 바운드시킨 뒤 짧은 서비스를 넣는 선수도 많다.

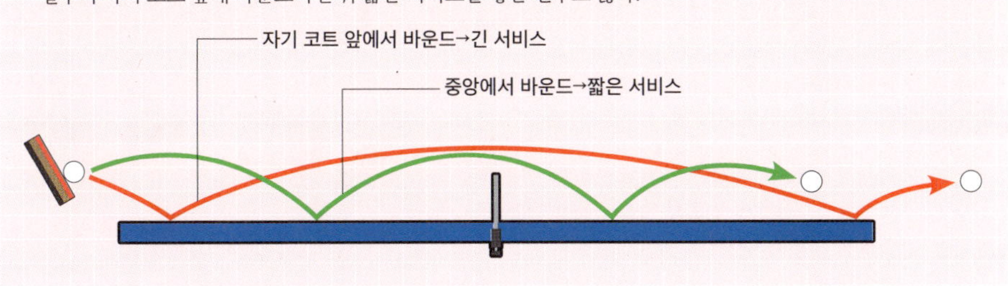

포핸드 횡상회전 서비스

시간 10분
난이도 중급

기술 해설
공에 횡상회전을 거는 포핸드 서비스. 상대가 드라이브나 플릭 등으로 받아치도록 유도하여 상회전 랠리로 이어갈 때 사용한다.

① 공을 토스하는 동시에 라켓을 뒤로 뺀다

② 공의 옆면을 잡으면서, 약간 왼쪽 위로 문질러 올리는 느낌으로 타구한다

조언

강한 회전을 걸기 위해서는 몸 전체의 힘을 사용하는 것이 중요하다. 백스윙(①의 세 번째 사진)할 때 오른발에 체중을 실어 타구하는 동시에, 왼발로 체중을 옮기며 공을 친다.

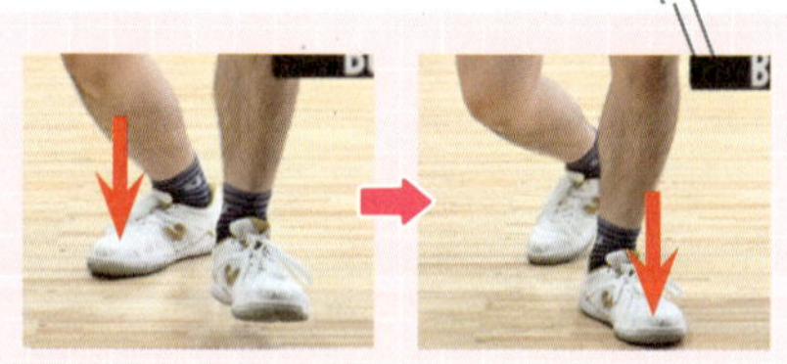

(기술/서비스)

포핸드 횡하회전 서비스

시간　10분
난이도　중급

기술 해설　공에 횡하회전을 거는 포핸드 서비스. 횡상회전과 같은 모션으로 서비스를 넣어, 상대의 네트 실수를 유도할 수 있다.

① 횡상회전과 같은 폼으로 공을 토스한 뒤 백스윙한다

② 공의 사선 밑을 문질러 횡하회전을 건다

기본 스윙은 유지한 채 공을 맞히는 위치에서 회전을 조절하자. 횡하회전은 라켓 면을 사선 위로 향하게 한 뒤 공의 사선 밑을 맞힌다.

횡상회전

횡하회전

기술/서비스

포핸드 언더스핀 서비스(하회전 서비스)

시간　10분
난이도　중급

기술 해설　공의 밑면을 맞혀 하회전을 거는 서비스. 횡회전이 들어간 횡하회전과 구별하기 위해 언더스핀이라고도 불리며, 상대의 치키타 리시브를 사전 차단하는 데 효과적이다.

1 공을 토스하자마자 라켓을 뒤로 뺀다

2 공의 아래를 강하게 문질러 하회전을 건다

조언

회전량을 올리려면 '복부에 힘을 넣는 것'도 포인트 중 하나다. 복부의 힘을 공에 전달하는 느낌으로 동작하면 스윙이 빨라진다. 또한 공을 곧장 날리듯 치지 말고, 문지르는 시간을 길게 하면 회전을 걸기 쉬워진다.

기술/서비스

포핸드 너클 서비스

시간 10분
난이도 중급

기술 해설 공에 회전을 걸지 않는 무회전(너클) 서비스. 언더스핀과 같은 폼으로 서비스를 넣으면 상대의 리시브가 높게 뜨도록 유도할 수 있다.

① 공을 수직 위로 띄우는 동시에 라켓을 살짝 뒤로 뺀다

② 공의 사선 밑을 맞혀 밀어내듯이 공을 날린다

조언

너클의 경우 '문지르는' 게 아니라 '밀어내는' 느낌으로 공을 쳐서 회전을 억제한다. 위의 사진에서는 언더스핀과 달리 팔로스루에서 라켓을 밑으로 내리꽂고 있는데, 타구 후의 스윙(팔로스루)을 같은 폼으로 하면 상대가 더욱 파악하기 힘든 서비스가 된다.

기술/서비스

훅 서비스 횡상회전

시간 10분
난이도 중급

기술 해설 일반적인 포핸드 서비스와는 역방향이 되는 좌횡회전(오른손잡이 기준)을 건 역횡 서비스. 몸쪽으로 라켓을 휘감듯이 스윙한다.

공을 수직 위로 띄우고 공의 바로 뒤를 맞힌다

정면을 향해 라켓을 들고, 리시버를 기준으로 오른쪽에서 왼쪽으로 움직인다(일반적인 포핸드 횡회전 서비스와는 반대). 공의 바로 뒤를 맞혀서 횡상회전을 건다.

기술/서비스

훅 서비스 횡하회전

시간 10분
난이도 중급

기술 해설 훅 서비스의 횡하회전 버전. 훅 서비스는 타구 직전까지 라켓의 움직임이 잘 보이지 않아 상대가 회전을 파악하기 어려운 장점이 있다.

공을 수직 위로 띄우고 공의 사선 밑을 맞힌다

라켓의 움직임은 횡상회전(메뉴 118 참고)과 거의 같지만, 횡하회전은 타구 면을 전방이 아닌 사선 위로 향하게 해서 공의 사선 밑을 맞힌다.

기술/서비스

YG 서비스 횡상회전

시간　10분
난이도　중급

기술 해설　훅 서비스와 마찬가지로 '역횡 서비스'의 하나로, 팔꿈치를 기점으로 라켓을 바깥쪽으로 휘둘러 좌횡회전(오른손잡이 기준)을 건다.

팔꿈치를 높이 올려 라켓을 옆으로 휘두른다

오른쪽 팔꿈치를 높이 올리고 손목을 구부리면서 몸쪽으로 라켓을 당겨 백스윙한다. 몸에서 떨어지듯이 라켓을 옆으로 휘두르며 공의 뒷면을 맞혀 좌횡회전을 건다.

기술/서비스

YG 서비스 횡하회전

시간　10분
난이도　중급

기술 해설　YG 서비스의 횡하회전 버전. 유럽의 젊은 선수들 중심으로 유행하여 'Young Generation 서비스'라고 불리게 되었다. 줄임말로 흔히 '와이지'라고 한다.

팔꿈치를 높이 올리고 라켓을 몸쪽으로 당긴 다음 아래로 휘두르며 횡하회전을 건다

횡상회전과 똑같이 오른쪽 팔꿈치를 높이 올리고 손목을 구부리면서 몸쪽으로 라켓을 당긴다. 공을 치기 직전에 타구 면을 사선 위로 향하게 해서, 공의 사선 밑을 맞혀 횡하회전을 건다.

백핸드 서비스 횡상회전

시간　10분
난이도　중급

기술 해설　몸 정면에서 타구하는 백핸드 서비스의 횡상회전 버전. 서비스를 넣은 다음 곧바로 타구 자세를 만들 수 있으며, 양핸드 모두 대응하기 편한 장점이 있다.

라켓을 끌어 올려 옆으로 당기듯이 타구한다

토스와 동시에 라켓을 어깨 높이까지 끌어올린다. 그다음 라켓을 앞으로 내미는 게 아니라, 옆으로 끌어당기는 느낌으로 공의 뒷면을 맞혀 좌횡회전을 건다.

백핸드 서비스 횡하회전

시간　10분
난이도　중급

기술 해설　백핸드 서비스의 횡하회전 버전. 스윙은 백핸드 푸시처럼 앞으로 내미는 게 아니라, 옆으로 당겨서 회전을 거는 것이 포인트다.

라켓을 끌어 올려 타구 면을 사선 위로 향하게 한 뒤 공을 친다

횡상회전과 거의 같은 스윙으로, 타구 면을 사선 위로 향하게 해서 공의 사선 밑을 맞혀 횡하회전을 건다. 백스윙 때의 라켓 각도를 횡상회전과 똑같이 하면 상대가 회전을 파악하기 어렵다.

제 6 장

테이블 위 테크닉&
테이블 위 전개 강화

경기는 짧은 서비스로 시작되는 경우가 많아 테이블 위 기술을 강화하는 것 또한 중요하다.
스톱과 플릭을 단련하여 리시브에서 유리한 전개를 만들 수 있도록 하자.

기술/테이블 위 테크닉

포핸드 플릭

횟수 20회×2세트
난이도 중급

기술 해설
테이블 위 테크닉 중 하나로, 짧은 공에 상회전을 걸어 받아친다. 상회전 계열이나 무회전(너클) 쇼트 서비스에 대응할 때 사용하는 경우가 많다.

① 오른발을 내밀고, 공에 다가가면서 라켓을 뒤로 뺀다

② 드라이브하는 느낌으로 사선 위로 간결하게 휘두른다

조언
플릭은 네트 근처에서 치는 '미니 드라이브'라고 생각하면 이해하기 쉽다. 공이 오면 라켓을 뒤로 살짝 빼고, 손목을 사용해 가볍게 회전을 걸며 타구하자. 때리듯이 치는 공격적인 플릭도 있지만, 처음에는 드라이브하듯 치는 편이 안정적이다.

<table>
<tr><td>

MENU 125

기술/테이블 위 테크닉

백핸드 플릭

</td><td>

횟수 20회×2세트
난이도 중급

</td></tr>
</table>

기술 해설 플릭의 백핸드 버전. 기본 백핸드와 거의 같은 스윙으로 테이블 위의 공을 친다. 살짝 회전을 걸면 타구가 더 안정된다.

1 몸 앞에 라켓을 준비하고 오른발을 내민다

2 시선을 낮추면서 백핸드하는 느낌으로 가볍게 타구한다

조언

모든 테이블 위 테크닉은 발을 정확히 앞으로 내미는 것이 중요하다(기본은 오른발). 발을 내밀지 않으면 팔을 다 뻗어야 해서 타구가 불안정해지기 때문이다. 또한, 상대의 공이 곧장 되돌아오기 때문에 타구 후에는 재빨리 기본 자세로 돌아와야 한다.

포핸드 스톱

횟수　20회×2세트
난이도　상급

짧은 공을 짧게 받아치는 테이블 위 테크닉. 상대 코트에 두 번 이상 바운드할 정도로 짧게 넣으면 상대의 다음 강타를 막을 수 있다.

1 타구 면을 사선 위로 향하게 하면서 오른발을 내밀고 공에 다가간다

2 공의 사선 밑을 문지르면서 네트 가까이 공을 떨어뜨린다

스톱은 라켓을 그저 가볍게 대기만 하면 받아친 공이 높이 뜨거나 길게 나가기도 하므로, '단번에' 회전을 거는 것이 포인트다. 공을 문질러 회전을 잘 걸면 높이 뜨지 않으면서 짧고 질 높은 스톱이 되어, 상대로부터 강타를 맞을 확률이 낮아진다.

(기술/테이블 위 테크닉)

백핸드 스톱

횟수 20회×2세트
난이도 상급

기술 해설 스톱의 백핸드 버전. 스톱은 어떤 회전에도 대응할 수 있지만, 상회전 공이 왔을 때 짧게 멈춰 세우는 건 까다로우므로 처음에는 하회전 공에 대응하여 사용하는 것이 좋다.

① 타구 면을 사선 위로 향하게 하면서 타구 자세를 잡는다

② 공의 사선 밑을 문질러 회전을 걸면서 짧게 날린다

조언

스톱은 상대 서비스의 회전에 따라, 라켓의 각도를 미세하게 조정해야 한다. 따라서 스톱을 연습할 때는 하회전뿐만 아니라 횡하회전(우횡&좌횡)과 너클에 대응하는 훈련도 하자(위의 사진은 하회전에 대응한 타구). 그러면 실전에서 다양한 서비스를 스톱으로 받아칠 수 있게 된다.

MENU
128

(기술/테이블 위 테크닉)

치키타

횟수 20회×2세트
난이도 상급

1 오른발을 내밀고 공에 가까이 다가가면서, 라켓을 오른쪽 겨드랑이 아래로 당긴다

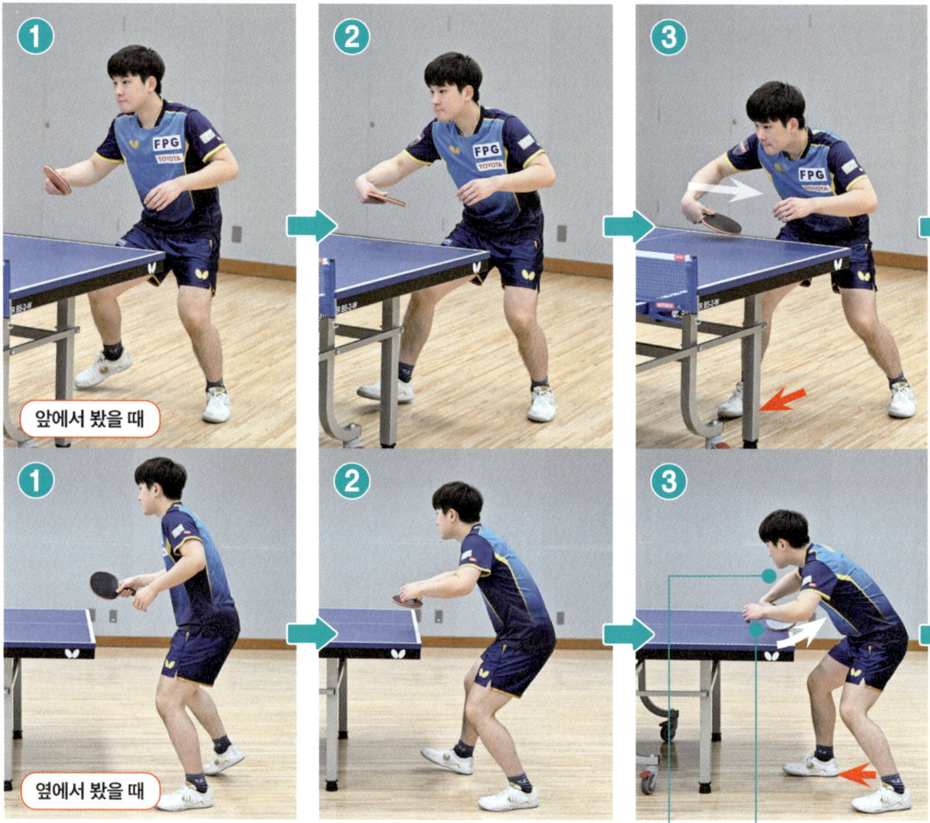

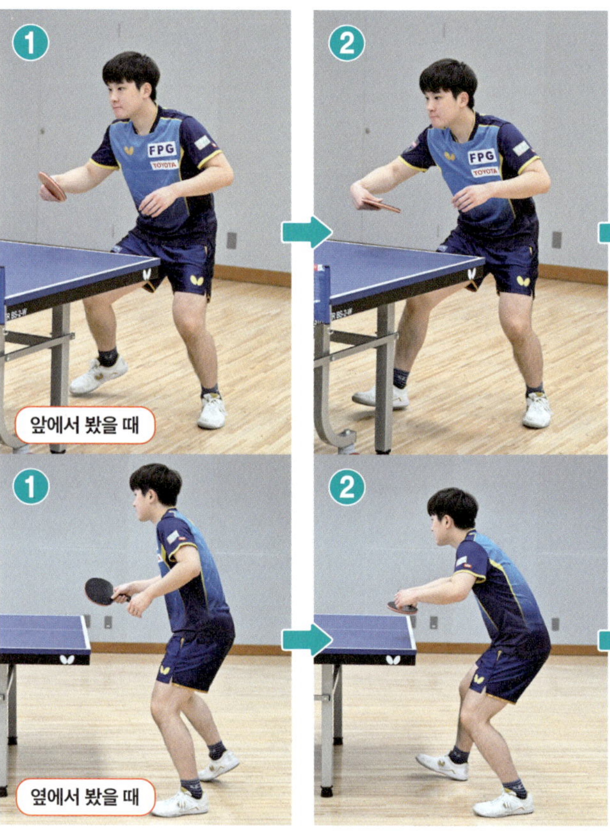

☑ CHECK!

오른쪽 팔꿈치를 높이 올린 상태로 스윙하면 공을 강하게 문지를 수 있다(메뉴 125의 백핸드 플릭과 팔꿈치 높이에 차이가 나는 점에 주목).

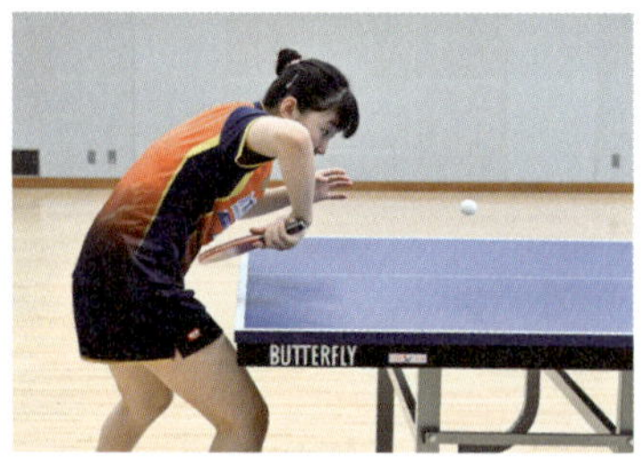

☑ CHECK!

손목을 비틀면서 오른쪽 옆구리 아래로 라켓을 당긴다. 크게 당기면 회전을 더 강하게 걸 수 있다. 다만 손목을 과하게 사용하지 않도록 주의하자(부상의 원인이 될 수 있다).

공에 강한 횡상회전을 걸어 받아치는 테이블 위 드라이브 테크닉. 중·상급 수준의 리시브에서는 쇼트 서비스에 대응할 때 치키타로 공격하는 플레이가 기본이 된다.

② 공의 약간 왼쪽을 문지르면서 오른쪽 사선 위로 휘둘러 회전을 건다

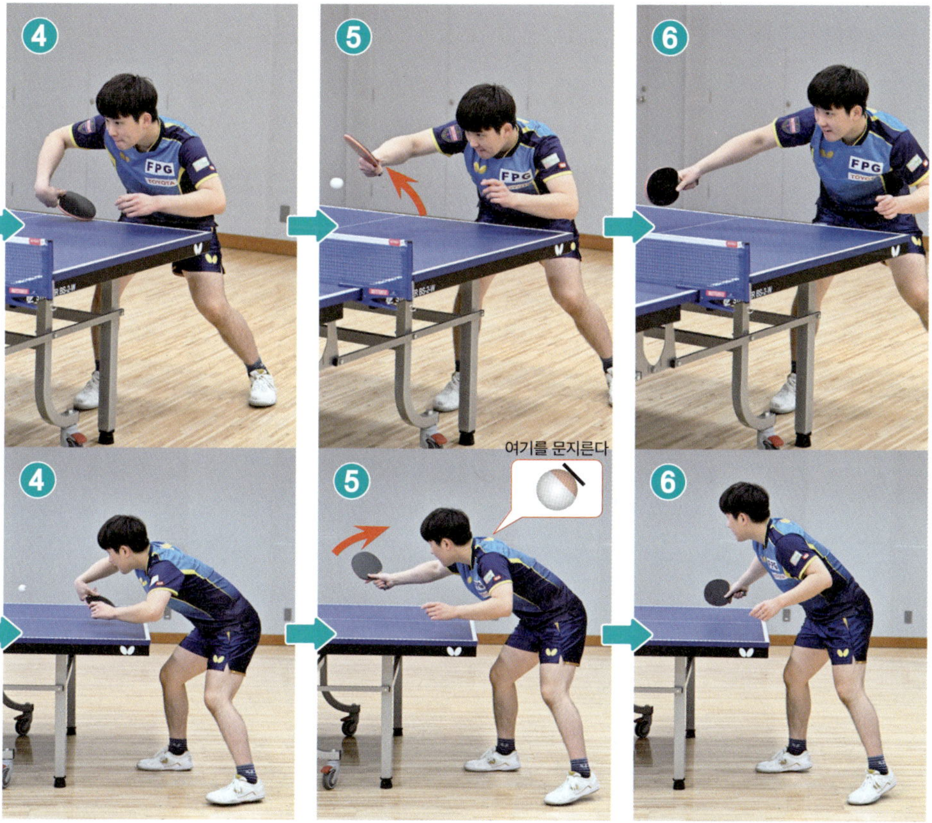

처음에는 공을 정확히 문질러 회전을 거는 데 집중하자. 상대의 서비스는 기본적으로 낮아서 무리하게 강타하면 미스를 범하게 되므로, 회전과 안정성을 중시하여 연습하는 것이 좋다. 흔히 치키타는 어려운 기술이라고 생각하지만, 연습하면 초·중급자도 구사할 수 있다. 다만 초보자의 경우 타구 면이 아래로 향하면 공이 네트에 걸리기 쉬우므로, 라켓을 세운 상태(오른쪽 사진)로 백스윙하여 공의 옆쪽을 위로 문질러 올리는 방식으로 구사하자.

포핸드 흘리기

횟수　20회×2세트
난이도　중급

기술 해설
횡회전을 걸면서 공을 치는 테이블 위 테크닉 중 하나. 코스와 회전을 파악하기 어려워 상대의 3구째 공격을 막는 효과가 있다. 또한, 횡회전 서비스에 대응하는 리시브로도 유용하다.

① 포핸드 푸시에 가까운 형태로 라켓을 사선 앞으로 향하게 하며 공에 접근한다

② 라켓을 오른쪽에서 왼쪽으로 미끄러뜨리듯 스윙하여 횡회전을 건다

조언
라켓을 옆으로 당긴 후 공의 뒷면에 갖다 대며 '미끄러뜨리는' 느낌으로 타구한다. 억지로 강하게 회전을 걸거나 빠르게 치지 않아도 되므로, 힘을 뺀 상태에서 스윙하자. 리시브할 때 푸시와 섞어서 사용하면 상대를 교란시킬 수 있는, 상당히 유용한 테크닉이다.

MENU 130

(다구 연습/테이블 위 테크닉)

테이블 위 테크닉 하프 랜덤 대응

횟수 20회×2세트
난이도 중급

목표 메뉴 124~129에서 익힌 테이블 위 테크닉 4종(플릭, 스톱, 치키타, 흘리기)의 기술력을 강화한다. 하프 랜덤 공에 대응하는 훈련을 통해 정확한 포지셔닝 능력을 키운다.

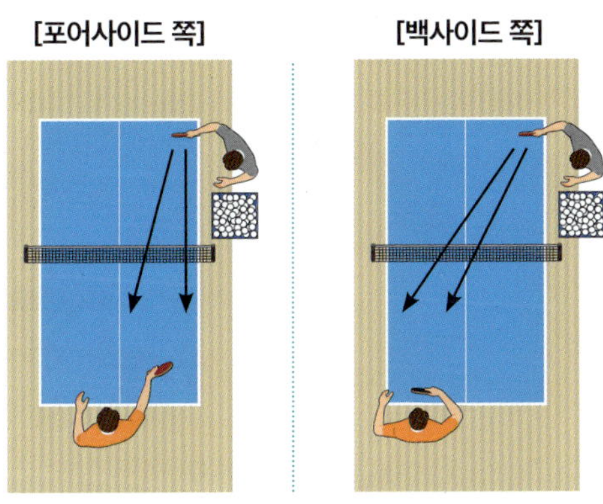

하프 랜덤으로 오는 짧은 공을 플릭으로 받아친다

송구자가 포어사이드나 백사이드로 한정하여 랜덤으로 짧은 공을 보내면, 플릭으로 받아친다. 같은 방법으로 스톱, 치키타, 흘리기로도 진행한다.

☑ CHECK!

타구한 뒤에는 반드시 기본 자세로 복귀한다(앞으로 나간 위치에서 그대로 다음 타구를 이어가지 않는다).

MENU 131

(다구 연습/테이블 위 테크닉)

테이블 위 테크닉 양사이드 교대&랜덤 대응

횟수 20회×2세트
난이도 중급

목표 테이블 위 테크닉 4종의 기술력을 강화한다. 양사이드로 오는 공을 포핸드와 백핸드 양쪽으로 정확히 구분하여 사용하도록 한다.

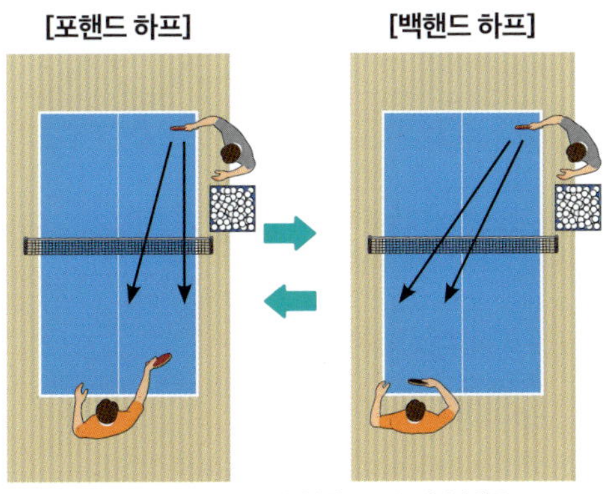

양사이드로 오는 짧은 공을 포핸드와 백핸드의 테이블 위 테크닉으로 받아친다

송구자가 포어사이드나 백사이드로 한정하여 랜덤으로 짧은 공을 보내면, 각각 포핸드와 백핸드의 테이블 위 테크닉으로 받아친다. 마지막에는 올 코트 랜덤으로 진행한다.

☑ CHECK!

공을 치기 쉬운 포지셔닝에 집중하면서 먼저 공의 위치에 맞춰 발을 내민다(라켓을 먼저 움직이지 않는다).

백핸드 스톱→백핸드 드라이브

목표 테이블 위에서 전개되는 플레이를 훈련하는 시스템 연습 중 하나. 백핸드 스톱 후 상대가 푸시로 보낸 공을 백핸드 드라이브로 공격하는 패턴을 강화한다.

백사이드 앞으로 오는 하회전을 스톱→백사이드로 오는 하회전을 백핸드 드라이브로 받아친다

지도자 MEMO

테이블 위 기술은 단독으로 구사하여 득점하는 경우는 드물고, 테이블 위에서 기회를 만든 뒤 공격 준비로 들어가는 것이 기본 흐름이다. 테이블 위 테크닉을 사용할 수 있게 되면, 메뉴 132~137과 같은 공격 전개 메뉴를 추가하여 강화해 나가자.

다구 연습/테이블 위에서 전개

백핸드 스톱→포핸드 플릭

횟수　20회×2세트
난이도　상급

목표　테이블 위에서 전개되는 플레이를 훈련하는 시스템 연습 중 하나. 백핸드 스톱 후 상대가 스톱으로 보낸 공을 포핸드 플릭으로 공격하는 패턴을 강화한다.

백사이드 앞으로 오는 하회전을 스톱→포어사이드 앞으로 오는 너클을 포핸드 플릭으로 받아친다

조언

스톱 후에는 상대가 푸시로 길게 받아치거나 스톱으로 짧게 받아치는 두 가지 전개가 있으므로, 양쪽을 모두 연습해 두는 것이 좋다. 스톱 후 2구째도 짧게 올 수 있지만, 반드시 기본 자세로 돌아간 후 대응하도록 하자.

포핸드 스톱→돌아서서 포핸드 드라이브

횟수 20회×2세트
난이도 상급

목표 테이블 위에서 전개되는 플레이를 훈련하는 시스템 연습 중 하나. 스톱으로 처리한 공을 상대가 푸시로 길게 받아쳤을 때 돌아서서 드라이브로 공격할 수 있도록 한다.

포어사이드 앞으로 오는 하회전을 스톱→백사이드로 오는 하회전을 돌아서서 포핸드 드라이브로 받아친다

조언

테이블 위 플레이는 짧은 공을 처리한 뒤 재빨리 기본 자세로 돌아가는 것이 매우 중요하다. 복귀가 늦어지면 다음 공격을 안정적인 자세로 칠 수 없기 때문이다. 기본 자세로 복귀하는 동시에 상대의 라켓을 보는 습관을 들이면 판단력도 향상된다.

MENU
135

다구 연습/테이블 위에서 전개

포핸드 스톱→포핸드 플릭

횟수 20회×2세트
난이도 상급

목표 테이블 위에서 전개되는 플레이를 훈련하는 시스템 연습 중 하나. 스톱으로 처리한 공을 상대가 스톱으로 짧게 되돌려줬을 때 플릭으로 공격할 수 있도록 한다.

포어사이드 앞으로 오는 하회전을 스톱→포어사이드 앞으로 오는 너클을 포핸드 플릭으로 받아친다

지도자 MEMO

익숙해지면, 두 번째 송구를 긴 공과 짧은 공을 교대로 주면서 드라이브 버전과 플릭 버전 모두 연습하자. 최종적으로는 송구할 때 공의 길이를 무작위로 섞어 보내, 선수가 공의 길이를 판단하면서 공격할 수 있도록 하자.

다구 연습/테이블 위에서 전개

포핸드 플릭→포핸드 드라이브

횟수　20회×2세트
난이도　상급

목표　테이블 위에서 전개되는 플레이를 훈련하는 시스템 연습 중 하나. 빠른 복귀를 의식하면서 플릭 후 포핸드 드라이브로 연속 공격할 수 있도록 한다.

포어사이드 앞으로 오는 너클을 포핸드 플릭→포어사이드로 오는 상회전을 포핸드 드라이브로 받아친다

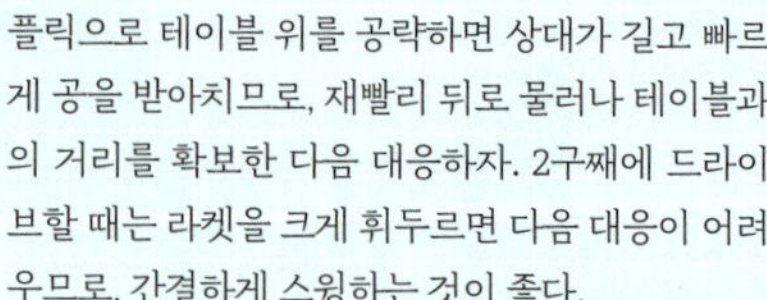
조언

플릭으로 테이블 위를 공략하면 상대가 길고 빠르게 공을 받아치므로, 재빨리 뒤로 물러나 테이블과의 거리를 확보한 다음 대응하자. 2구째에 드라이브할 때는 라켓을 크게 휘두르면 다음 대응이 어려우므로, 간결하게 스윙하는 것이 좋다.

MENU 137

다구 연습/테이블 위에서 전개

치키타→백핸드 드라이브

횟수 20회×2세트
난이도 상급

목표 테이블 위에서 전개되는 플레이를 훈련하는 시스템 연습 중 하나. 치키타를 블록으로 돌려받았을 때를 대비하여 재빨리 복귀한 다음 백핸드 드라이브로 공격하는 전개를 강화한다.

포어사이드 앞으로 오는 하회전을 치키타→백사이드로 오는 상회전을 백핸드 드라이브로 받아친다

조언

플릭 후의 전개처럼 치키타 후에도 상대의 공이 굉장히 빨리 되돌아오므로, 복귀 속도에 신경 쓰며 연습하자. 연속 동작 중에 몸을 위로 쭉 세우지 않고, 앞으로 기울인 자세를 유지하면 재빨리 움직일 수 있다.

올 코트 스톱→양핸드 드라이브

횟수 20회×2세트
난이도 상급

목표 메뉴 132와 134의 올 코트 랜덤 버전. 코스를 올 코트로 하여, 스톱에서 드라이브로 이어지는 전개를 강화한다.

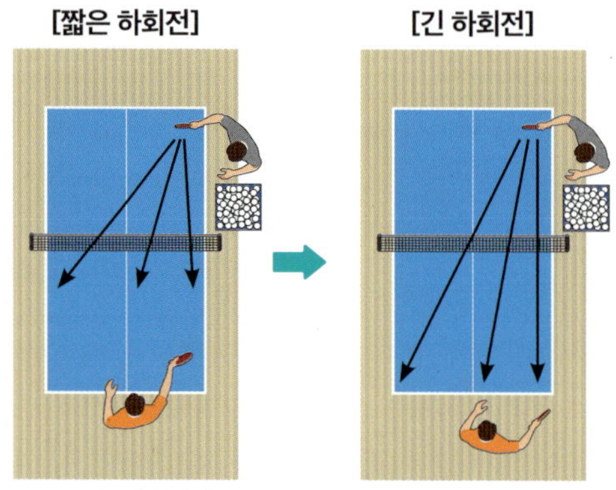

코스를 랜덤으로 해서 스톱 후에 드라이브로 받아친다

송구자가 올 코트로 짧은 하회전을 보내면 양핸드 스톱으로 받아친다. 그다음 송구자가 올 코트로 긴 하회전을 보내면 재빨리 뒤로 물러나 양핸드 드라이브로 받아친다.

☑ CHECK!

스톱 후에는 즉시 기본 자세로 복귀하고, 그와 동시에 송구자의 라켓을 정확히 파악하여 양사이드로 오는 공에 재빨리 대응한다. 드라이브를 넣는 것에만 그치지 말고 스피드와 회전량, 코스도 고려하여 질 높은 타구를 하자.

올 코트 스톱→올 코트 플릭&치키타

횟수 20회×2세트
난이도 상급

목표 스톱으로 친 공을 스톱으로 반격당했을 때(더블 스톱)의 전개 능력을 강화한다. 2구째를 플릭으로 공격하는 버전과 치키타로 공격하는 버전 모두 훈련한다.

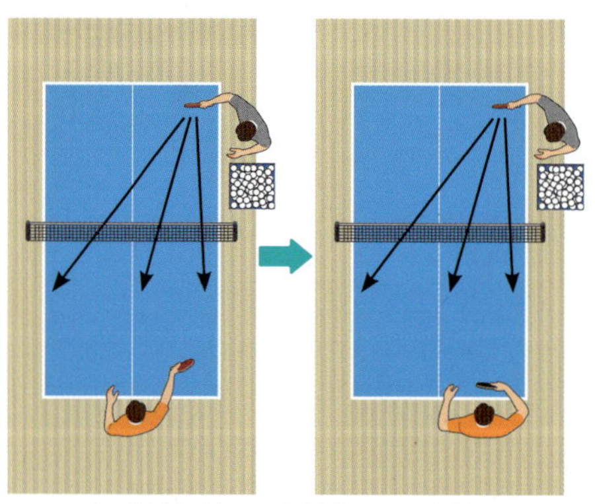

올 코트로 오는 스톱을 플릭, 치키타로 공격한다

송구자가 올 코트로 짧은 하회전 공을 두 번 보내면 1구째는 스톱, 2구째는 플릭(혹은 치키타)으로 받아친다.

조언 🔊

스톱 후에는 기본 자세로 복귀하여 긴 공에도 대응할 수 있도록 하자. 좀 더 실전에 가까운 연습으로 2구째에 긴 송구와 짧은 송구를 섞어 보내면, 공의 길이를 판단하는 능력을 기를 수 있다.

MENU 140

다구 연습/테이블 위에서 전개

두 사람이 실시하는 다구 연습 ⑥ 치키타 후의 전개

| 시간 | 5~10분 |
| 난이도 | 상급 |

목표 선수 둘이 실시하는 다구 연습. 한 사람은 치키타 이후의 전개 능력을, 다른 한 사람은 치키타에 대응하는 카운터 기술을 강화한다.

1 송구자는 A의 미들 앞으로 하회전을 보내고, A는 B의 양사이드에 치키타로 받아친다

☑ **CHECK!**

치키타를 친 후에는 뒤로 물러나 재빨리 다음 타구에 대비한다.

2 B는 A의 올 코트에 양핸드 블록(혹은 카운터)으로 받아친다

3 A는 올 코트로 오는 공을 양핸드 드라이브로 받아친다

지도자 MEMO

두 사람이 실시하는 다구 연습과 테이블 위 기술 강화 훈련을 조합한 메뉴다. 치키타 이후의 전개와 치키타에 대응하는 기술을 동시에 효율적으로 익힐 수 있다. 두 선수 모두 올 코트 랜덤으로 날아오는 공을 받아치는 어려운 연습이기 때문에 초보 단계에서는 코스를 정해 진행하다가 익숙해지면 랜덤으로 실시하자. 같은 방법으로 플릭 이후의 전개도 훈련할 수 있으므로 적절히 응용하도록 한다.

다구 연습/테이블 위에서 전개

두 사람이 실시하는 다구 연습 ⑦
스톱&플릭의 대응 능력 강화

시간　5~10분
난이도　상급

목표　한 사람은 스톱과 플릭의 기술을 정확히 구분해 사용하고, 다른 한 사람은 두 가지 기술을 잘 파악해서 적절히 대응한다.

1 송구자는 A의 포어사이드 앞으로 하회전 공을 보낸다

2 A는 랜덤으로 스톱이나 플릭으로 받아친다

3 A가 스톱으로 받아치면 B는 앞으로 나가 플릭으로 되받는다(왼쪽)

3 A가 플릭으로 받아치면 B는 포핸드 드라이브로 되받는다(오른쪽)

조언

스톱이나 플릭을 받는 입장(B)에서는 3구째 공격을 강화하는 연습이 된다. 상대의 라켓을 보고 재빨리 판단한 다음 대응할 수 있도록 하자. 이처럼 두 가지 기술을 결합하여 진행하면 판단력과 대응력을 기를 수 있으므로, 다양한 조합으로 훈련하자.

제 7 장

3구째 공격&실전 강화

서비스&3구째 공격 강화는 승리로 가는 지름길이다.
어떤 리시브도 공격할 수 있도록 다양한 패턴을 연습하자.

경기에서 이기려면 '3구째 공격'이 중요
빠른 복귀에 집중하며 연습하자

탁구에서 가장 중요한 득점 패턴은, 서비스를 넣은 뒤 상대의 리시브를 공격하는 '3구째 공격'이다. 서비스 이후의 전개에서 득점력을 높이려면 반드시 3구째 공격을 강화해야 한다.

3구째 공격을 강화하기 위해 가장 먼저 신경 써야 할 것은, 서비스를 넣은 뒤 제자리로 돌아오는 속도다. 복귀가 늦어지면 당연히 3구째 공격으로 이어지는 동작도 더뎌져서 좋은 공격을 펼칠 수 없다. 서비스를 넣은 뒤에는 상대의 리시브보다도 더 빨리 준비 자세로 돌아가자.

또한, 상대의 리시브 동작을 살피는 것도 중요하다. 상대의 라켓을 관찰하면 어떤 리시브가 올지 예측할 수 있으므로 3구째 준비를 빠르게 할 수 있다. 따라서 상대가 공을 때리기 전에 판단할 수 있도록 재빨리 상대를 관찰하자.

초반에 리시브 코스를 정하고 실시하는 3구째 공격 연습을 할 때도 빠른 복귀와 상대의 동작 파악을 늘 의식하여 습관화하도록 하자.

서비스를 넣은 뒤 곧장 제자리로 돌아오면 안정적으로 3구째 공격이 가능하다.

예상되는 패턴을 정리하여 각 상황에 맞는 대응 능력을 강화한다

3구째 공격은 서비스에 따라 다양한 전개를 만들어낼 수 있는데, 경기에서 일어날 수 있는 상황을 최대한 연습해 두는 것이 좋다.

예를 들어 짧은 횡하회전 서비스를 넣을 경우 상대의 포어사이드 앞으로 칠지, 백사이드 앞으로 칠지, 상대가 이쪽의 포어사이드 쪽으로 칠지, 백사이드 쪽으로 칠지, 각각 두 가지 패턴이 있어 모두 조합하면 네 가지 패턴이 된다. 백사이드로 오는 리시브를 백핸드 드라이브와 돌아서서 포핸드 드라이브 두 가지로 받아친

다면, 연습해야 할 패턴은 모두 최소 6개가 된다(아래 그림 참고)

수준이 높아지면 상대가 보내는 리시브 종류도 늘어나므로, 스톱 리시브나 치키타 리시브에 대비한 3구째 공격도 필요해진다.

이와 같은 방식으로 서비스 이후 예상되는 패턴을 정리한 다음 거기에 필요한 3구째 공격을 연습한다.

선수에 따라 특기나 약점, 스타일은 모두 다르지만, 하회전 서비스 후의 전개는 필수이므로 하회전에 대응하는 드라이브가 약한 선수도 제대로 연습하도록 하자.

136p부터(메뉴 142부터)는 대표적인 예로 3구째 공격 네 종류와 그 포인트를 소개한다.

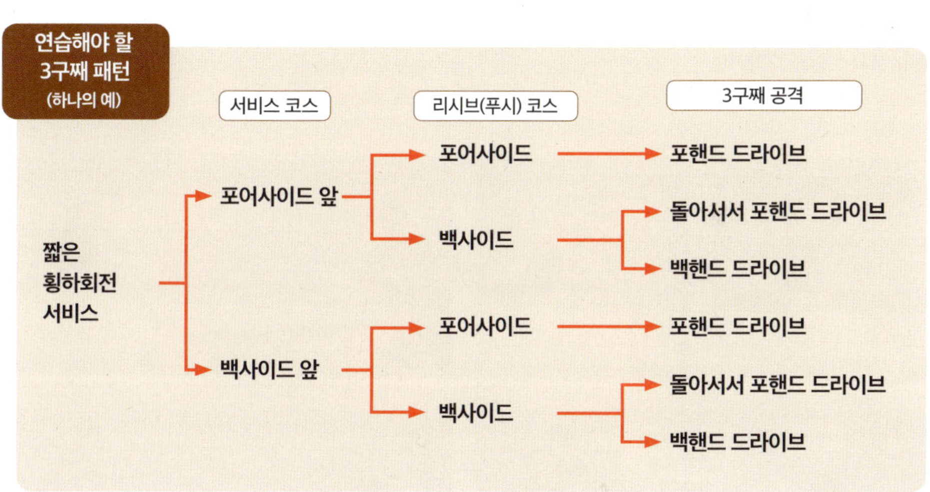

우선 한쪽씩 하프 코트로 코스를 정해 훈련하다가 나중에는 양쪽 코트 랜덤으로 진행하여 판단력을 기른다

3구째 공격 연습의 순서는 먼저 각각의 패턴을 개별로 연습하여 정확도를 높인다. 코스가 정해진 연습을 통해 공을 미스 없이 넣을 수 있게 되어야만, 어디로 리시브가 올지 모르는 상황에서도 안정적으로 타구할 수 있다.

포어사이드로 리시브를 받는 패턴, 백사이드로 리시브를 받는 패턴을 각각 연습한 뒤에는 올 코트 랜덤으로 리시브를 받는 연습에 돌입한다. 이때는 어디로 어떻게 리시브가 돌아오는지 파악하는 것이 매우 중요하므로, 서비스를 넣은 뒤에는 재빨리 기본 자세로 돌아오면서 상대 라켓의 움직임을 주시하자.

랠리 연습/3구째 공격

횡하회전 서비스→
3구째 돌아서서 포핸드 드라이브

시간　5~10분
난이도　중급

목표　하회전 계열 서비스 이후의 3구째 공격. 상대가 푸시로 리시브한 공을 돌아서서 포핸드 드라이브로 공격하는, 정석적인 득점 패턴을 강화한다.

횡하회전 서비스 →
상대가 백핸드로 푸시 →
돌아서서 포핸드 드라이브

조언　어중간하게 돌아서면 몸과 공이 너무 가까워져 미스가 발생할 수 있으므로 크게 움직여서 공과 거리를 두는 것이 중요하다. 그러려면 서비스 후에 재빨리 기본 자세로 돌아와야 한다.

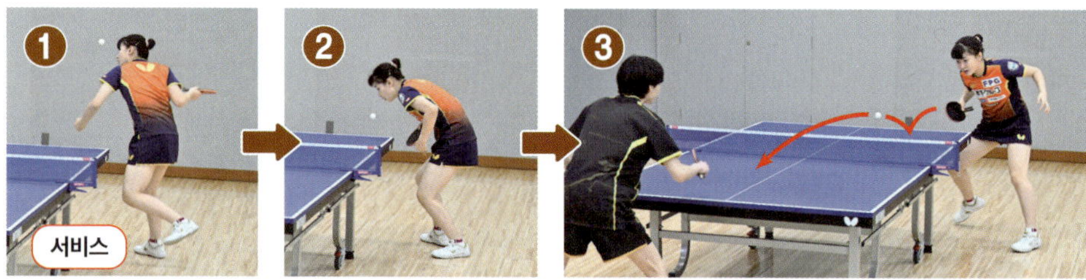

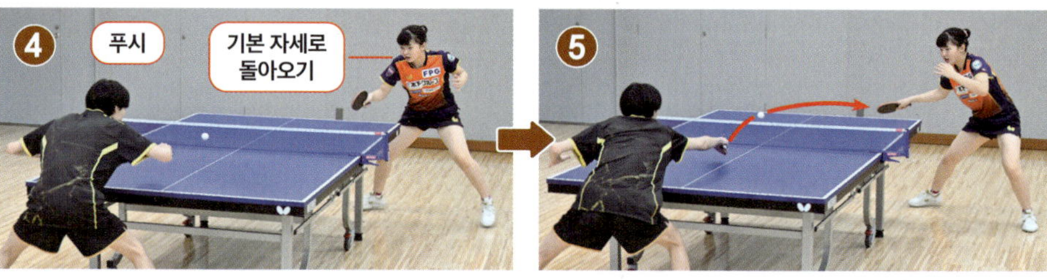

MENU 143

횡하회전 서비스→
3구째 백핸드 드라이브

시간　5~10분
난이도　중급

목표　하회전 계열 서비스 이후의 3구째 공격. 백핸드 드라이브가 특기인 선수는, 백사이드로 오는 공을 돌아서면서 공격하는 것뿐만 아니라 백핸드 드라이브로도 공격할 수 있도록 한다.

횡하회전 서비스 →
상대가 백핸드로 푸시 →
백핸드 드라이브

조언　엔드 라인에 가깝게 떨어지는 깊은 푸시에도 대응할 수 있도록, 테이블 가까이에 서 있지 말고 약간 거리를 둔 뒤 드라이브 준비를 하자. 백스윙할 때 라켓을 양발 사이 약간 아래에 두면 하회전을 올려 칠 수 있다.

MENU
144

(랠리 연습/3구째 공격)

횡상회전 롱 서비스→ 3구째 스트레이트 백핸드

시간 5~10분
난이도 중급

목표 상회전 계열 서비스 이후의 3구째 공격. 랠리전이 특기인 선수는, 상회전 계열의 롱 서비스를 넣은 뒤 빠른 타이밍의 3구째 공격 전개를 강화한다.

횡상회전 롱 서비스 →
상대가 백핸드 →
스트레이트로 백핸드

조언

롱 서비스를 넣으면 리시브도 빨리 돌아오므로, 빠르게 기본 자세로 복귀해야 한다. 스트레이트로 공격할 때는 오버 미스가 나기 쉬우므로 상대 코트 앞쪽에 공을 바운드시킨다는 생각으로 친다. 억지로 드라이브를 시도하지 말고 살짝 강하게 백핸드로 쳐도 된다.

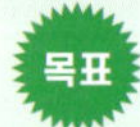

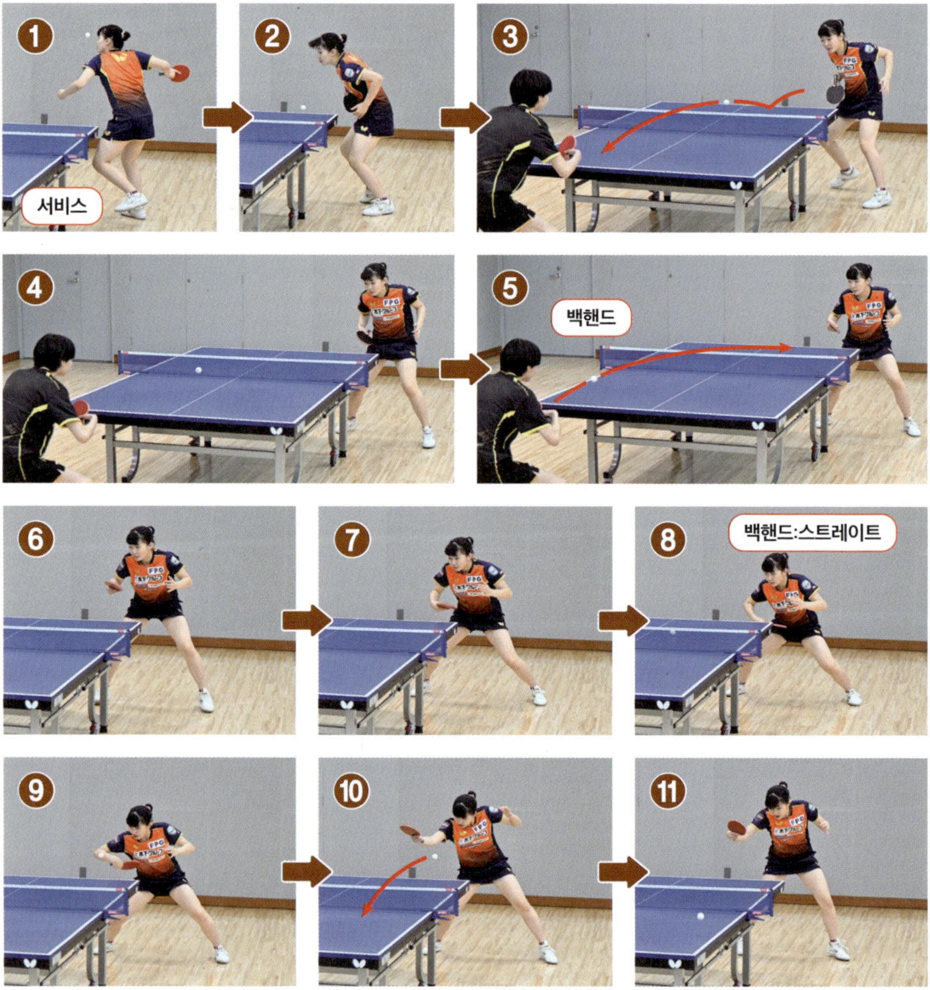

MENU 145

랠리 연습/3구째 공격

횡하회전 서비스→3구째 포핸드 플릭

| 시간 | 5~10분 |
| 난이도 | 중급 |

목표 상대의 스톱 리시브에 대응하는 3구째 공격. 상대가 짧은 리시브로 대응했을 때 플릭과 치키타로 공격하는 전개를 강화한다.

횡하회전 서비스 →
상대가 포어사이드 앞으로 스톱 →
크로스로 포핸드 플릭

조언 중급 수준의 선수는 스톱 리시브가 왔을 때의 3구째 공격도 연습하자. 스톱이 온다는 판단이 서면 재빨리 오른발을 내밀고 몸을 테이블 가까이 붙이는 것이 중요하다. 발을 내밀지 않고 손만 흔들면 미스가 발생할 수 있으니 익숙해지도록 연습하자.

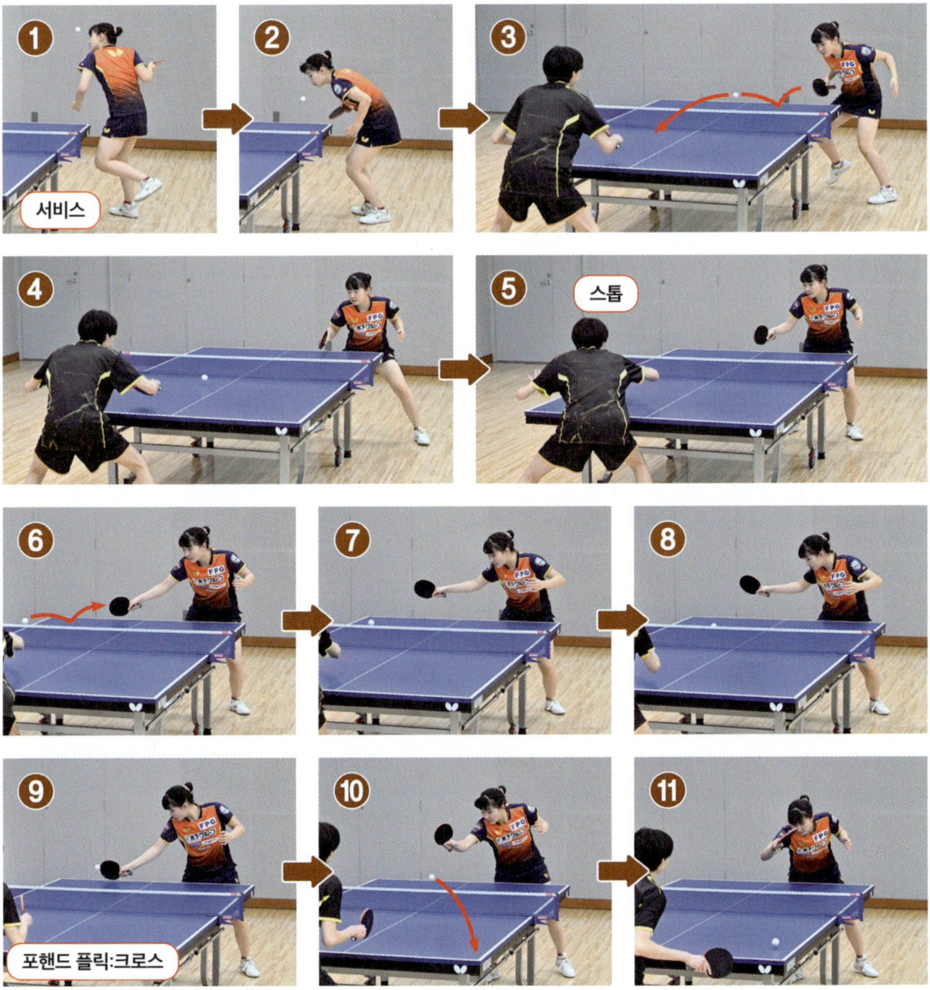

① 서비스

②

③

④

⑤ 스톱

⑥

⑦

⑧

⑨ 포핸드 플릭:크로스

⑩

⑪

139

뜬 공 리시브에 대응하는 3구째 공격

시간 5~10분
난이도 중급

목표 뜬 공 리시브에 대응하는 3구째 공격의 정확도를 높인다. 변칙적인 공이 와도 침착하게 대응하도록 한다.

횡회전 서비스에 대응하여 날아오는 뜬 공 푸시 리시브를 3구째에 공격한다

지도자 MEMO

초·중급 수준에서는 횡회전 서비스를 넣으면 상대의 리시브가 떠서 돌아오는 경우가 자주 있는데, 사실 이러한 공을 공격하기란 쉽지 않다. 이 경우에는 바운드 후에 궤도가 변화하므로, 공을 잘 보면서 서두르지 말고 칠 수 있도록 지도하는 것이 중요하다. 언뜻 공격 기회가 될 수 있는 공으로 보여도 경기에서는 긴장하여 실책을 범할 수 있으니, 리시브가 떠서 왔을 때의 3구째 공격도 연습해 두자.

COLUMN

3구째 연습이더라도 약한 서비스는 리시버가 먼저 공격한다

한층 질 높은 3구째 공격 연습을 하려면, 상대역을 맡은 리시버가 '약한 서비스는 공격'한다는 마음으로 훈련에 임해야 한다.

실전에서는, 짧게 넣으려다 테이블에서 벗어나 버린 약한 서비스는 상대로부터 공격당한다. 따라서 연습할 때도 짧은 서비스가 테이블에서 벗어나거나 높이 뜨지 않도록 신경 써야 한다. 또한 상대인 리시버는, 설령 푸시로 받아치기로 한 메뉴였을지라도 테이블에서 벗어난 서비스는 공격해야 한다. 그런 마음가짐으로 연습하면 서버와 리시버 모두 플레이 수준이 높아진다.

서비스가 약하다고 생각되면

3구째 공격 연습 중이더라도 리시버가 공격한다.

상대의 라켓 움직임을 보며 회전을 판단하고, 공격 기회를 주지 않는 리시브를 구사한다

서비스와 마찬가지로 리시브도 중요하다. 상대의 다양한 회전 서비스를 3구째에 공격하기 어렵게 리시브하지 못한다면, 경기에서 이길 수 없다.

먼저 개별 기술을 익혀서 안정적으로 리시브할 수 있도록 하자. 기본적으로 하회전은 푸시, 상회전은 플릭으로 대응한다. 여기에 익숙해지면 올 코트로 오는 공을 각각 포핸드와 백핸드로 대응할 수 있도록 연습하자. 이 두 가지 기술을 습득했다면, 응용 테크닉으로 스톱과 치키타 등도 연습한다.

리시브할 때는 상대 서비스의 회전을 판단하는 능력도 필요하므로 상회전과 하회전 서비스를 섞어 연습하도록 하자.

회전을 판단하려면 상대 라켓의 움직임에 주목해야 한다. 대체로 라켓과 공이 맞는 순간에 라켓이 위쪽으로 움직이면 상회전 계열의 서비스, 아래쪽으로 움직이면 하회전 계열의 서비스라고 판단할 수 있다.

라켓의 움직임, 타구 면의 방향 등을 통해 회전을 판단한다.

푸시 리시브(하프 한정/올 코트 랜덤)

| 시간 | 5분 | 난이도 | 중급 |

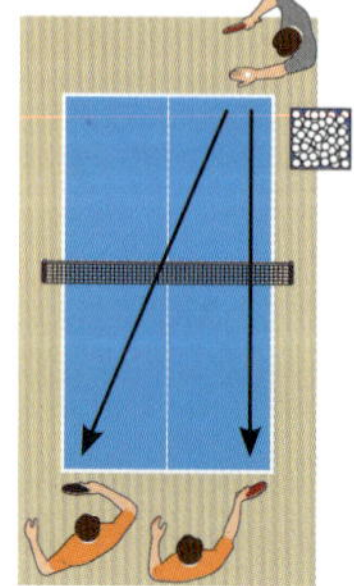
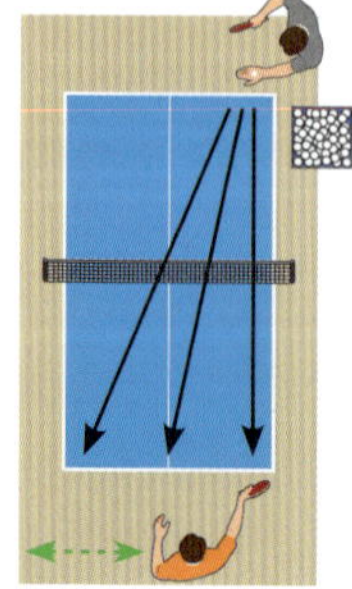

목표
하회전 서비스에 대응할 때 가장 기본이 되는 푸시 리시브를 강화한다. 올 코트로 서비스가 들어오는 상황에서도 안정적으로 받아칠 수 있도록 한다.

하회전 서비스를 푸시로 리시브한다

먼저 포핸드 하프 한정과 백핸드 하프 한정으로 연습한다. 익숙해지면 올 코트로 진행한다.

플릭 리시브(하프 한정/올 코트 랜덤)

| 시간 | 5분 |
| 난이도 | 중급 |

목표
짧은 상회전이나 횡회전 서비스에 대응하는 플릭 리시브를 강화한다. 올 코트로 서비스가 오는 상황에서도 안정적으로 받아칠 수 있도록 한다.

짧은 상(횡)회전 서비스를 플릭으로 리시브한다

먼저 포핸드 하프 한정과 백핸드 하프 한정으로 연습한다. 익숙해지면 올 코트로 진행한다.

☑ **CHECK!** 서비스는 낮게 오는 경우가 많으므로, 라켓을 높이 들지 말고 낮은 위치에서 휘두르기 시작한다. 또한, 포핸드 플릭과 백핸드 플릭을 할 때는 정확히 오른발(오른손잡이 기준)을 테이블 밑으로 내밀고 몸을 앞으로 붙여 타구하는 것이 중요하다. 횡회전 대응은 우횡회전과 좌횡회전 양쪽 모두 연습한다.

MENU 149

스톱 리시브(하프 한정/올 코트 랜덤)

| 시간 5분 | 난이도 중급 |

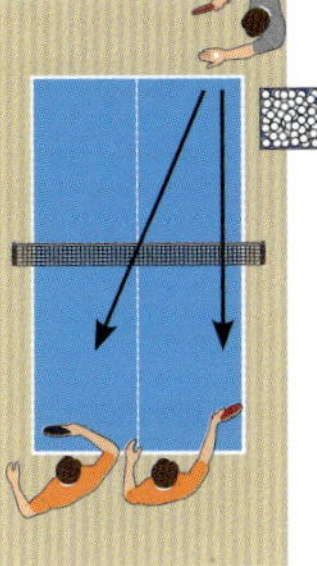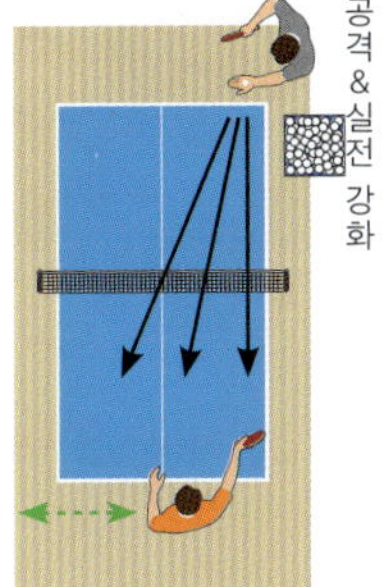

목표 짧은 하회전 서비스에 대응하는 스톱 리시브를 강화한다. 푸시로 안정적인 리시브가 가능해진 뒤에 연습하자.

짧은 하회전 서비스를 스톱으로 리시브한다

먼저 포핸드 하프 한정과 백핸드 하프 한정으로 연습한다. 익숙해지면 올 코트로 진행한다.

MENU 150

드라이브 리시브(하프 한정/올 코트 랜덤)

| 시간 5~10분 | 난이도 상급 |

목표 긴 서비스에 대응하는 드라이브 리시브를 강화한다. 양사이드에서 각각 연습하고, 익숙해지면 올 코트 랜덤으로 실시하자. 백사이드에서는 돌아서서 포핸드 드라이브와 백핸드 드라이브 모두 연습한다.

긴 서비스를 드라이브로 리시브한다(양사이드에서 각각 연습)
백사이드는 돌아서서 포핸드 드라이브, 백핸드 드라이브 모두 실시한다

조언 자신의 테이블 엔드 라인에 가깝게 오는 긴 서비스에 대응하여, 드라이브나 스매시로 공격할 수 있어야 한다. 특히 돌아서서 공격할 때는 포지셔닝이 중요하므로, 정확하게 움직인 뒤 공을 치자.

(다구 연습/리시브)

치키타 리시브
(포어사이드 앞/백사이드 앞)

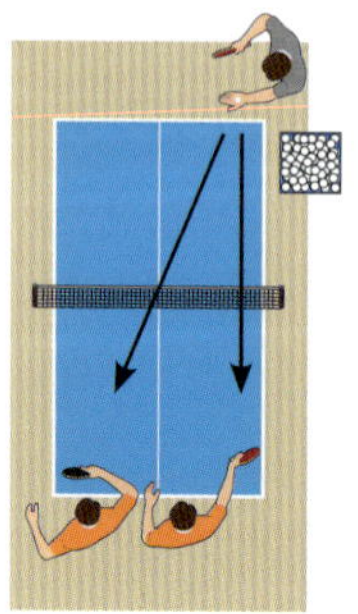
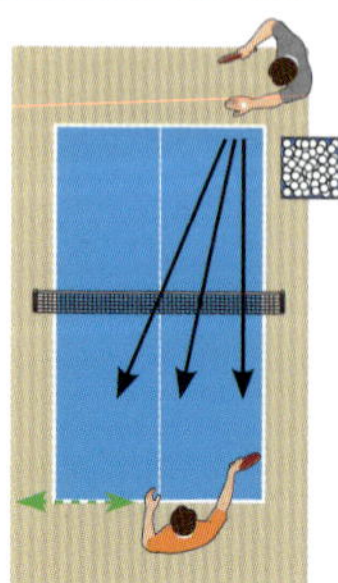

목표
짧은 서비스에 대응하는 치키타 리시브를 강화한다. 다양한 회전으로 오는 서비스를 포어사이드 앞과 백사이드 앞에서 모두 칠 수 있도록 한다.

짧은 서비스를 치키타로 리시브한다

먼저 포핸드 하프 한정과 백핸드 하프 한정으로 연습한다. 익숙해지면 올 코트로 진행한다.

(다구 연습/리시브)

역치키타 리시브(포어사이드 앞/백사이드 앞)

목표
일반적인 치키타와 달리 역방향의 횡상회전을 추가한, 테이블 위의 백핸드 기술이다. 최근 여자 선수를 중심으로 구사하는 이가 늘고 있는 신기술로, 상대의 미스를 유도할 수 있다.

짧은 하회전 서비스를 역치키타로 리시브한다

먼저 포핸드 하프 한정과 백핸드 하프 한정으로 연습한다. 익숙해지면 올 코트로 진행한다.

조언
백핸드 푸시의 형태로 공에 접근해서, 공의 오른쪽을 위로 문질러 올리듯이 타구한다. 테이블 위의 다른 기술과 똑같이, 오른발을 내밀고 몸을 앞으로 바짝 붙이는 것이 중요하다. 초·중급 수준에서는 상당히 효과적인 훈련이며 특별히 어려운 기술도 아니므로 꼭 연습하자.

MENU 153

다구 연습/리시브

다양한 회전 서비스에 대응하는 리시브 연습

시간 5~10분
난이도 상급

목표 서비스의 회전을 판단한 뒤 푸시, 플릭 등의 테크닉을 정확히 구분해 사용함으로써 리시브 미스를 최소화한다.

상·하·횡회전 등 다양한 서비스를 리시브한다
(처음에는 상·하회전만 연습해도 좋다)

조언

상대의 라켓을 주시하여 상하 어느 쪽으로 움직였는지에 따라 회전을 판단한다. 공의 위치로 정확히 움직이는 포지셔닝에도 신경 쓰자. 익숙해지면 공을 낮게 받아치거나 코스를 공략하는 것도 의식한다.

MENU 154

랠리 연습/리시브 후 전개

플릭 리시브→백핸드 대 양핸드

시간 5~10분
난이도 상급

목표 리시브 연습과 전환 연습을 조합한 메뉴. 포어사이드 앞으로 오는 공을 플릭 리시브한 뒤 이어지는 플레이를 강화한다.

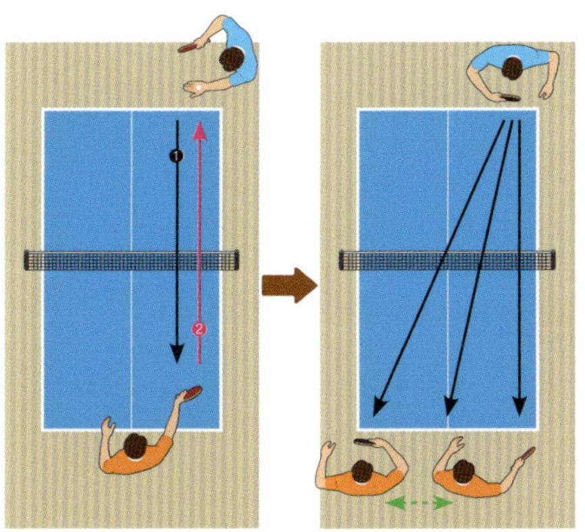

플릭 리시브 후 올 코트 양핸드 랠리를 이어간다

포어사이드 앞으로 오는 서비스를 포핸드 플릭으로 받아친 뒤 상대는 백핸드, 연습자는 양핸드(올 코트 랜덤/메뉴 072와 동일)로 랠리를 이어간다.

조언

단독 연습으로 리시브가 안정된 뒤에는 전환 연습과 풋워크 연습을 조합하여 한층 더 실전에 가까운 형태로 강화한다. 4구째는 단순히 받아치기만 하지 말고 공격한다는 마음으로 타구하자.

푸시 리시브→블록→백핸드 대 양핸드

시간　5~10분
난이도　상급

목표　리시브 연습과 전환 연습을 조합한 메뉴. 푸시 리시브&4구째 블록 이후의 전개를 강화한다.

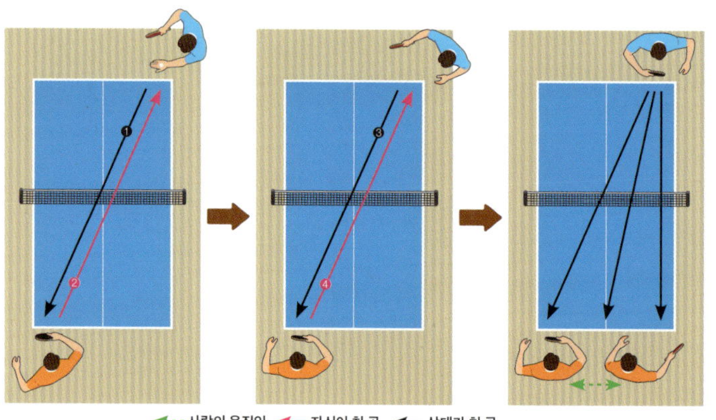

4구째 백핸드 블록 후 올 코트 양핸드 랠리를 이어간다

상대가 백사이드로 보낸 하회전 서비스를 백핸드 푸시로 받아서 크로스로 리시브한다. 그 다음 상대가 돌아서서 드라이브하면, 백핸드 블록으로 받아친 뒤 백핸드(상대) 대 올 코트 양핸드(연습자) 랠리를 이어간다.

백핸드 드라이브 리시브→ 백핸드 대 양핸드

시간　5~10분
난이도　상급

목표　리시브 연습과 전환 연습을 조합한 메뉴. 롱 서비스에 대응하는 백핸드 드라이브 리시브 이후의 전개를 강화한다.

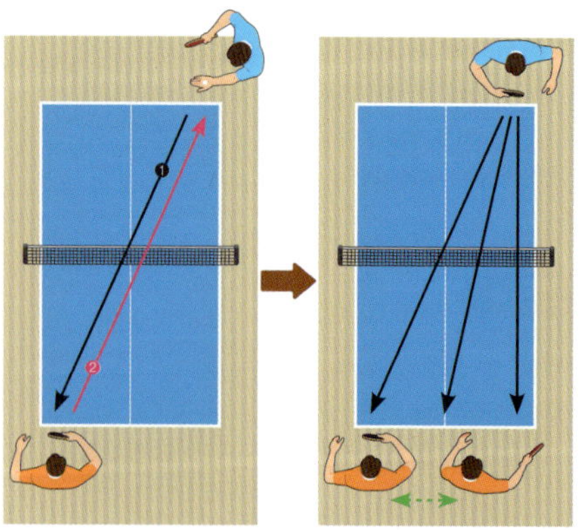

드라이브 리시브 후 올 코트 양핸드 랠리를 이어간다

상대가 백사이드로 보낸 롱 서비스를 백핸드 드라이브로 받아친 뒤 백핸드(상대) 대 올 코트 양핸드(연습자) 랠리를 이어간다. 마찬가지로 돌아서서 포핸드 드라이브 리시브 후 올코트 양핸드 랠리도 진행한다.

조언

백핸드는 발을 움직여 몸 정면에서 공을 잡는 것이 중요하다. 손의 움직임만으로 공을 잡지 않도록 주의하자. 익숙해지면 서비스마다 회전을 바꿔 판단력과 대응력을 동시에 훈련하자.

MENU 157

스톱→돌아서기→뛰어들기 풋워크→ 백핸드 드라이브

횟수　20회×2세트
난이도　상급

목표　실전을 가정한 랠리 전개를 익히기 위한 다구 연습. 포어사이드 앞 스톱으로 시작하여 4구째에 돌아서서 포핸드 드라이브로 공격하는 패턴을 강화한다.

① **포핸드 스톱**→ ② **돌아서서 포핸드 드라이브**→
③ **포핸드 드라이브**(뛰어들기 풋워크)→
④ **백핸드 드라이브**

포어사이드 앞으로 오는 하회전 서비스를 포핸드 스톱하고, 백사이드로 오는 하회전 공을 돌아서서 포핸드 드라이브로 받는다. 그다음 포어사이드로 오는 상회전 공을 뛰어들기 풋워크를 하며 포핸드 드라이브로 받은 뒤, 마지막에는 백사이드로 오는 상회전 공을 백핸드 드라이브로 받는다.

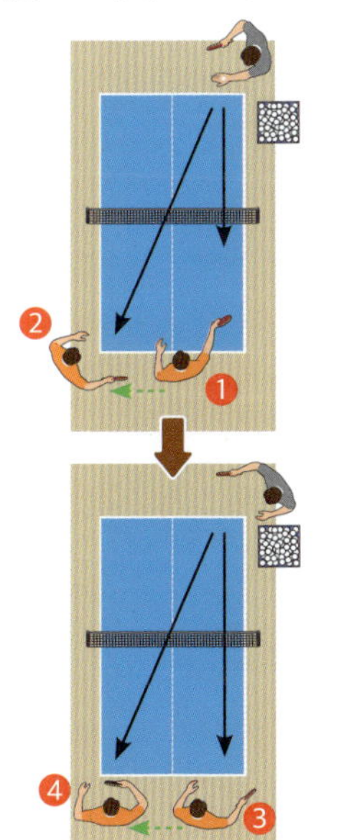

<----- 사람의 움직임　<----- 자신이 친 공　<----- 상대가 친 공

MENU 158

스톱→백핸드 드라이브→ 돌아서기→뛰어들기 풋워크

횟수　20회×2세트
난이도　상급

목표　메뉴 157의 4구째에 백핸드 드라이브로 공격하는 연습. 이후에 이어지는 돌아서기&뛰어들기 풋워크의 움직임도 강화한다.

포어사이드 앞으로 오는 하회전 공을 포핸드 스톱→백사이드로 오는 하회전 공을 백핸드 드라이브→
백사이드로 오는 상회전 공을 돌아서서 포핸드 드라이브→
포어사이드로 오는 상회전 공을 포핸드 드라이브(뛰어들기 풋워크)

다구 연습/리시브 후 전개

치키타→백핸드 드라이브→
돌아서기→뛰어들기 풋워크

횟수　20회×2세트
난이도　상급

목표　실전을 가정한 랠리 전개를 익히기 위한 다구 연습. 치키타로 시작하여 양핸드 드라이브로 공격하는 패턴을 강화한다.

① 포어사이드 앞 치키타 → ② 백핸드 드라이브 → ③ 돌아서서 포핸드 드라이브 → ④ 포핸드 드라이브(뛰어들기 풋워크)

포어사이드 앞으로 오는 하회전 공을 치키타로 받고, 백사이드로 두 번 오는 상회전 공을 백핸드 드라이브한 후 돌아서서 포핸드 드라이브로 받아친다. 마지막에는 포어사이드로 오는 상회전 공을 뛰어들기 풋워크를 하며 포핸드 드라이브로 받아친다.

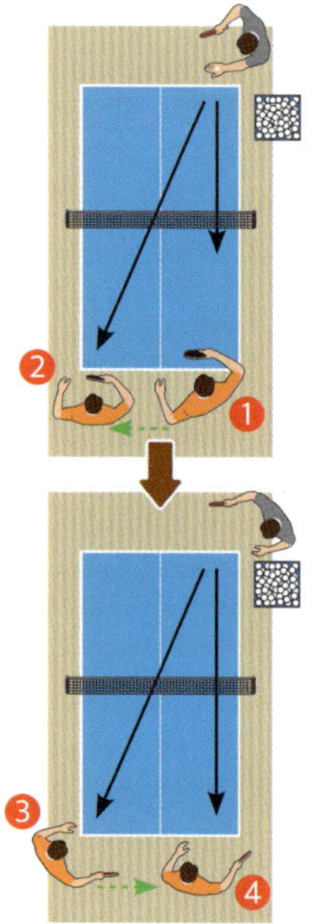

◀--- 사람의 움직임　◀━ 자신이 친 공　◀━ 상대가 친 공

다구 연습/리시브 후 전개

치키타→포핸드 드라이브→
백핸드 드라이브→돌아서기

횟수　20회×2세트
난이도　상급

목표　메뉴 159와 똑같이 치키타 리시브 후의 전개를 강화하는 연습. 3구째가 포어사이드로 오는 경우, 공격하는 패턴을 강화한다.

포어사이드 앞으로 오는 하회전 공을 치키타→포어사이드로 오는 상회전 공을 포핸드 드라이브→
백사이드로 오는 상회전 공을 백핸드 드라이브→백사이드로 오는 상회전 공을 돌아서서 포핸드 드라이브

제 8 장

하리모토 토모카즈&
하리모토 미와 선수의 연습 메뉴

정상급 선수인 토모카즈 선수와 미와 선수는 평소 어떤 연습을 할까?
실제 두 선수가 진행하는 기본 연습과 과제 훈련을 소개한다.

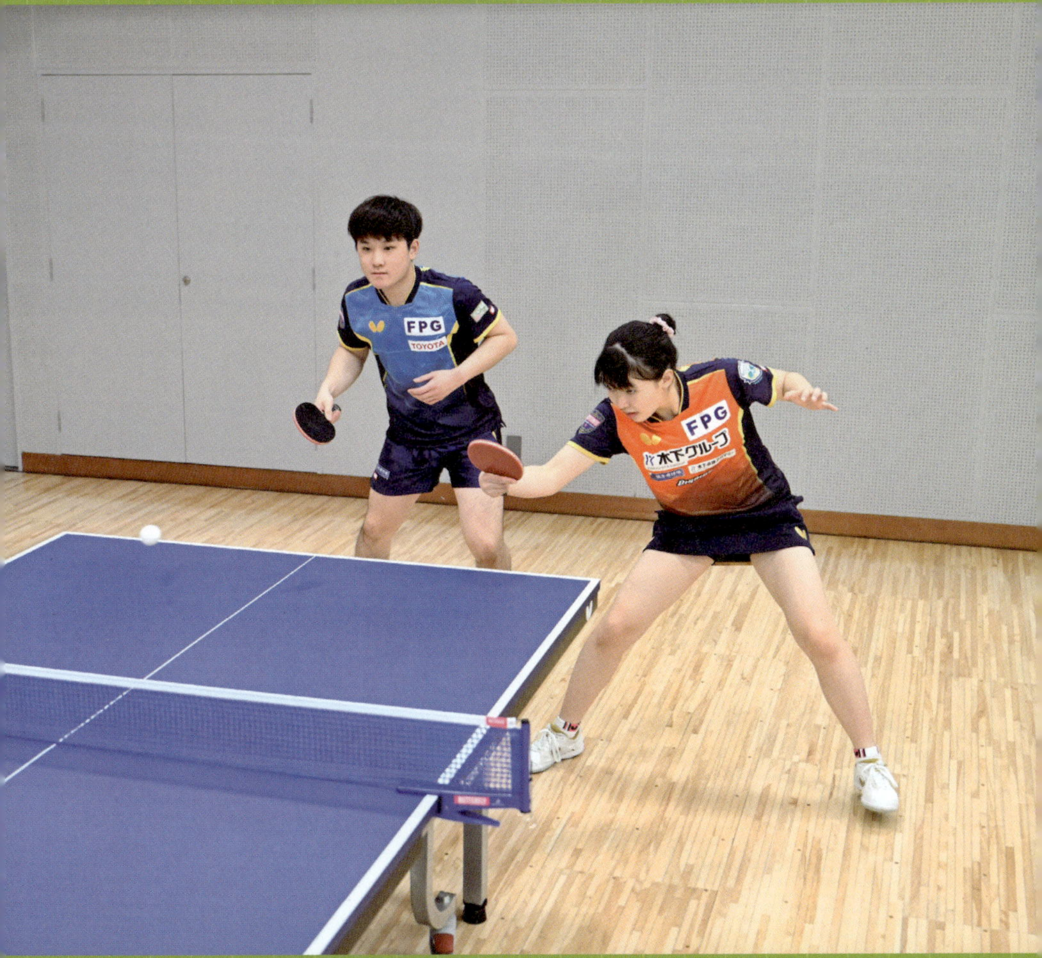

다구 연습/드라이브

포핸드 드라이브 3코스 풋워크
(포어사이드→미들→백사이드)

시간	8~10분
횟수	20회×2세트
난이도	상급

목표 포핸드 드라이브와 풋워크를 강화하는 기본 연습. 올 코트로 오는 공에 대응하여 재빨리 발을 움직여 포핸드 드라이브로 공격할 수 있도록 한다.

3코스로 오는 공을 모두 포핸드 드라이브로 받아친다

포어사이드→미들→백사이드의 순서로 오는 상회전 공을 모두 포핸드 드라이브로 받아친다. 세 번째 공은 백핸드 드라이브로 받아치기도 한다. 다구 연습으로 할 경우에는 1세트 20회를 기준으로 2~3세트 진행하고, 랠리 연습으로 할 경우에는 8분을 기준으로 상대와 교대하여 실시한다.

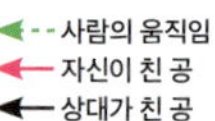

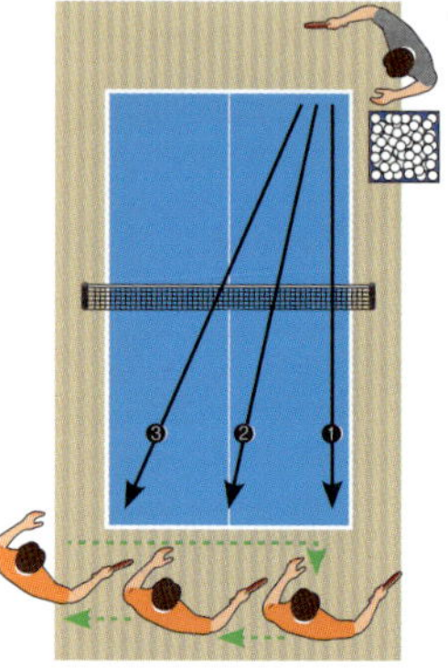

지도자 MEMO

토모카즈 선수와 미와 선수 모두 어릴 때부터 지금까지도 실시하고 있는 풋워크 기본 연습이다. 코스와 템포는 일정하지만, 실전 랠리처럼 재빨리 움직이도록 지도한다. 자세를 낮춘 채 몸을 써서 강하게 회전을 거는 것도 중요하므로, 다구 연습의 경우 한 세트당 다구 횟수를 너무 많이 넣지 않는 대신 질 좋은 타구와 빠르게 움직이는 것을 목표로 실시한다.

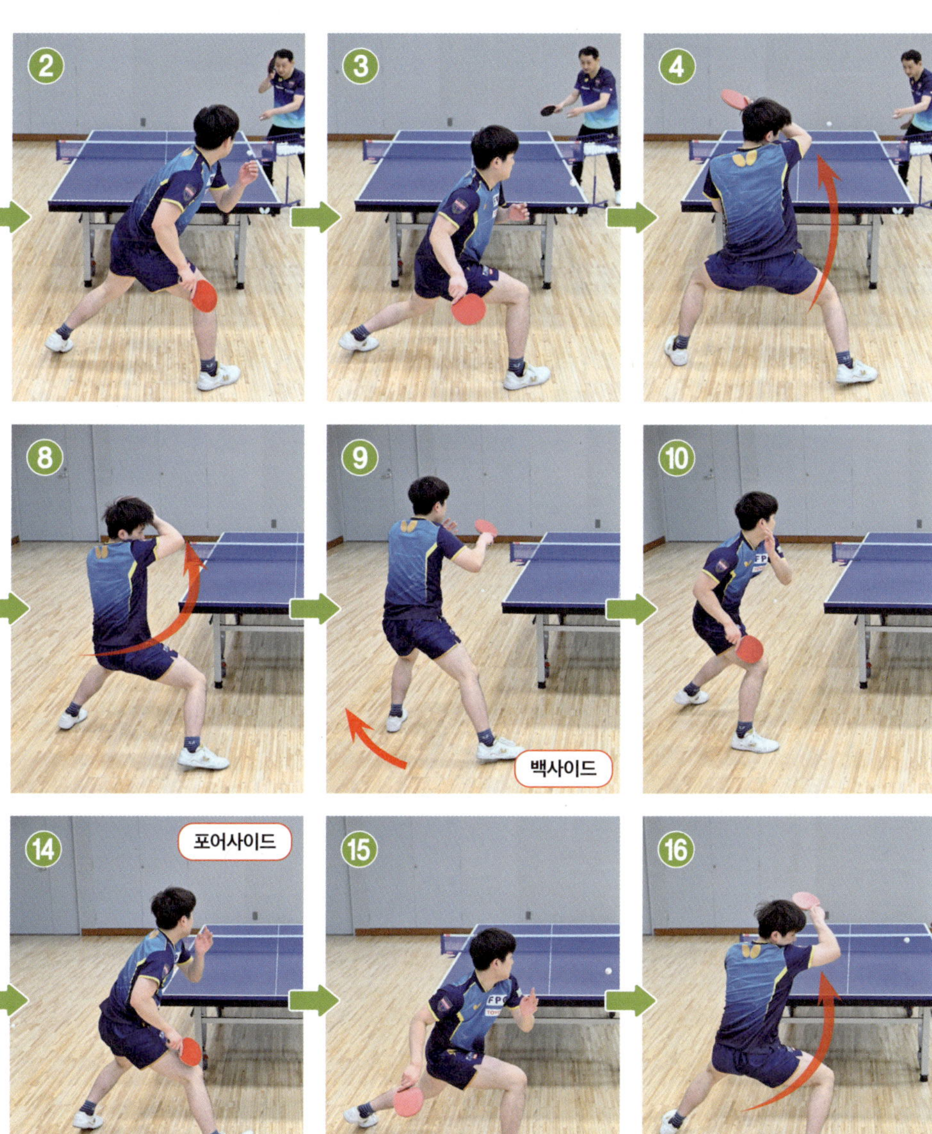

MENU 162

포어사이드 앞에서 시작하는 백핸드 대 양핸드 ① 4구째 백핸드 드라이브

시간 8~10분
난이도 상급

목표 포어사이드 앞 리시브 후의 전개 강화와 양핸드 전환 연습을 겸한 메뉴. 리시브 후 4구째 백핸드 드라이브의 정확도를 높인다.

포어사이드 앞으로 오는 하회전 서비스를 스톱한 후 4구째 백핸드 드라이브

포어사이드 앞으로 오는 하회전 서비스를 스톱으로 받아친다. 상대가 크로스로 푸시한 공을 크로스 백핸드 드라이브로 받아친다. 이후 상대가 올 코트에 백핸드로 공을 보내면 양핸드 드라이브로 받아치며 랠리를 이어간다(백핸드 대 올 코트 – 하단 사진).

지도자 MEMO

최근 몇 년 동안 토모카즈 선수가 해 온 훈련에는, 실전 상황을 가정한 서비스&3구째 공격과 리시브&4구째에 전환하는 연습(백핸드 대 올 코트) 메뉴가 많다. 여기서는 하나의 예로, 포어사이드 앞 리시브에서 시작하는 세 가지 패턴을 소개한다. 이 연습에서는 질 높은 리시브를 넣으려는 마음가짐이 중요하다. 랠리의 흐름은 정해져 있지만, 실전 경기와 마찬가지로 '상대에게 공격할 틈을 주지 않겠다'라는 마음으로 리시브하도록 지도하자.

MENU 163

포어사이드 앞에서 시작하는 백핸드 대 양핸드 ② 4구째 백핸드 블록

| 시간 | 8~10분 | 난이도 | 상급 |

목표 포어사이드 앞 리시브 후의 전개 강화와 양핸드 전환 연습을 겸한 메뉴. 리시브 후 4구째 백핸드 블록의 정확도를 높인다.

포어사이드 앞으로 오는 하회전 서비스를 푸시로 받아친다→
상대의 백핸드 드라이브를 백핸드 블록으로 받아친다→
백핸드 대 올 코트 양핸드 랠리를 이어간다

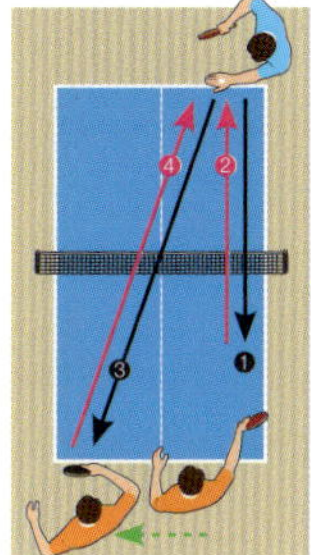
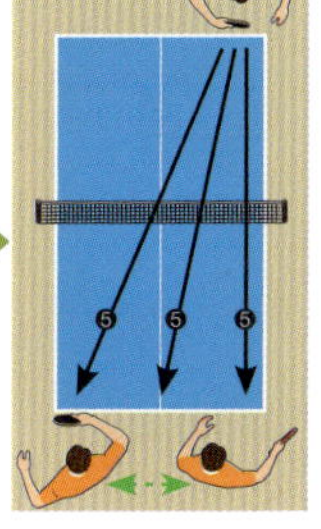

MENU 164

포어사이드 앞에서 시작하는 백핸드 대 양핸드 ③ 치키타 리시브로 시작

| 시간 | 8~10분 | 난이도 | 상급 |

목표 치키타 리시브로 시작하는 전개 강화와 양핸드 전환 연습을 겸한 메뉴. 치키타 후 재빨리 복귀하여 4구째를 양핸드로 대응하는 힘을 기른다.

포어사이드 앞으로 오는 하회전 서비스를 치키타로 받아친다→
상대의 블록(올 코트)을 양핸드로 대응한다→
백핸드 대 올 코트 양핸드 랠리를 이어간다

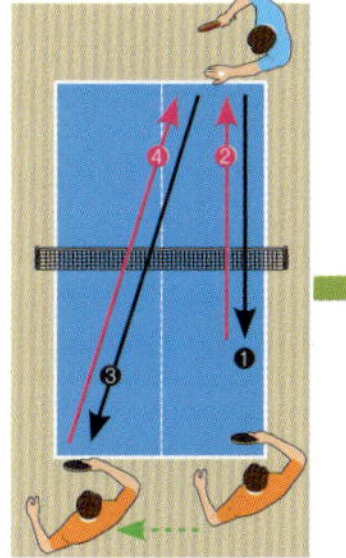
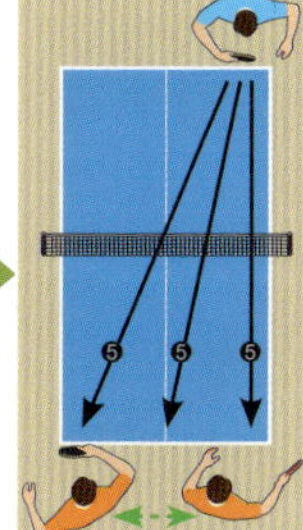

(다구 연습/드라이브)

포핸드 드라이브 2코스 풋워크
(양사이드 2개씩)

시간 8~10분
난이도 상급

목표
포핸드 드라이브와 풋워크를 강화하는 기본 연습. 포어사이드에서 백사이드까지 이동하는 커다란 움직임 속에서, 안정적으로 포핸드 드라이브를 할 수 있도록 한다.

양사이드에서 두 번씩 포핸드 드라이브로 타구한다

양사이드로 두 번씩 오는 상회전 공을 모두 포핸드 드라이브로 타구한다.

지도자 MEMO

미와 선수는 이 연습을, 메뉴 161의 3코스 풋워크에 추가하여 자주 진행한다. 몸을 제대로 써서 타구하는 것도 중요하므로, 송구 템포를 빠르게 하지 말고, 한 공 한 공 질 높은 타구를 하도록 지도한다.

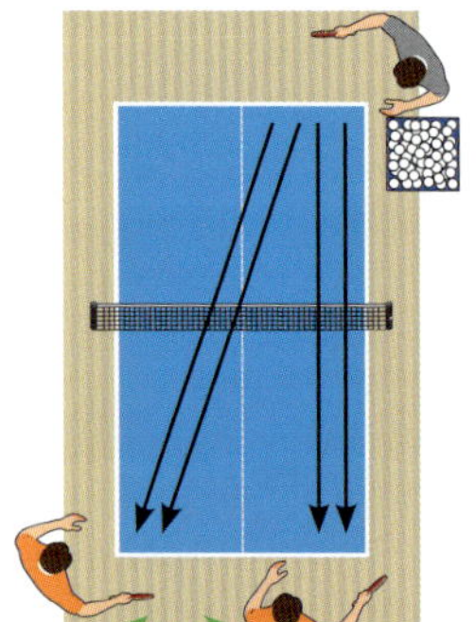

포어사이드의 2개째 공부터 백사이드의 1개째 공까지의 움직임

MENU 166

랠리 연습/드라이브

크게 스윙하는 양핸드의 전환

시간　8~10분
난이도　상급

목표　포핸드 드라이브와 백핸드 드라이브의 전환(1개씩)에서 더욱 크게 스윙하여 드라이브의 위력과 질을 높인다.

지도자 MEMO

미와 선수의 과제 훈련 중 하나는 드라이브의 위력을 높이는 것이다. 주니어 경기에서는 간결하고 빠른 템포의 양핸드로도 이길 수 있지만, 시니어에서는 한층 더 강한 드라이브가 필요하다. 그래서 기본적인 전환 연습을 할 때, 평소보다 크게 스윙하고 강하게 회전을 거는 데 집중하여 훈련한다.

강약을 조절한 백핸드 대 백핸드

시간　8~10분
난이도　상급

목표　백핸드(백핸드 드라이브)의 강약을 조절할 수 있도록 한다. 또한, 상대의 강약을 조절한 백핸드에 대응하는 능력도 기른다.

백핸드 대 백핸드 랠리에서 서로 강약을 조절하며 받아친다

지도자 MEMO

언제나 똑같은 구질로 받아치는 플레이로는 정상에 오를 수 없다. 따라서 백핸드 드라이브를 할 때 강약을 조절하는 연습도 실시한다. 평소의 낮고 빠른 타구와 회전을 걸어 약간 포물선을 그리며 날아가는 타구를, 백핸드 대 백핸드 랠리에서 구분하여 사용하도록 지도하자. 동시에 그러한 공을 처리하는 능력도 필요하므로, 상대가 강약을 조절해서 보낸 공을 받는 연습도 진행한다.

포물선을 그리며 날아가는 '느린' 백핸드

(랠리 연습/리시브 후 전개)

리시브 후 4구째 블록

시간 8~10분
난이도 상급

목표 상대가 3구째에 강하게 공을 보냈을 때 대응하는 능력을 기른다. 블록으로 수비만 하지 말고 카운터로 강하게 돌려주기도 하자.

포어사이드 앞으로 오는 서비스를 푸시로 보내고, 올 코트로 오는 상대의 3구째 드라이브를 양핸드 블록 또는 카운터로 받아친다

지도자 MEMO

수준이 올라갈수록 상대의 공격을 받아내야 하는 상황도 많아지므로, 4구째 블록을 강화할 필요가 있다. 이때 안전하게 받아치기만 해서는 득점을 얻지 못하므로, 코스를 찌르거나 강하게 되돌려 주는 등 '플레이의 질을 높이려는 노력'이 필요하다. 코스를 읽었을 때는 카운터로 맞공격하자. 아래 사진은 미들을 공략당했을 때의 대응으로, 상반신을 비틀어 몸 앞에 공간을 만든 뒤 포핸드 드라이브로 타구하는 모습이다. 첫 리시브가 느슨하면 강하게 반격당하므로, 낮고 예리한 푸시로 대응하는 것 또한 중요하다.

4구째 미들 공략 대응

(랠리 연습/드라이브)

시간　8~10분
난이도　상급

후진에서의 백핸드 드라이브(드라이브 랠리)

목표 백핸드 드라이브만 구사하는 드라이브 랠리 연습. 테이블에서 물러난 상황에서도 강하게 백핸드 드라이브를 휘둘러 반격할 수 있도록 한다.

백핸드 드라이브만 구사하여 드라이브 랠리를 이어간다
(상대는 포핸드 드라이브를 해도 좋다)

지도자 MEMO

커다란 랠리가 됐을 때 밀리지 않도록, 테이블에서 떨어진 중·후진에서 드라이브를 치는 연습이다. 강하게 회전을 걸어 상대가 강타를 치기 힘든 공으로 만드는 것이 포인트. 상대의 타구는 전후좌우 다양한 방향으로 오기 때문에 공의 위치까지 빠르게 이동하여 늘 최고의 자세로 공을 칠 수 있도록 한다.

(랠리 연습/리시브 후 전개)

왼손잡이 상대 공략 연습

시간 8~10분
난이도 상급

목표 왼손잡이 선수를 가정한 리시브&랠리 연습. 왼손잡이 선수의 좌횡회전 계열 서비스를 안정적으로 받아친다.

① 상대(오른손잡이)가 포어사이드에서 백핸드로 좌횡회전 서비스를 넣는다

② 서비스를 포어사이드(왼손잡이의 백핸드 쪽)로 리시브한 뒤 백핸드 대 올 코트 양핸드 랠리를 이어간다

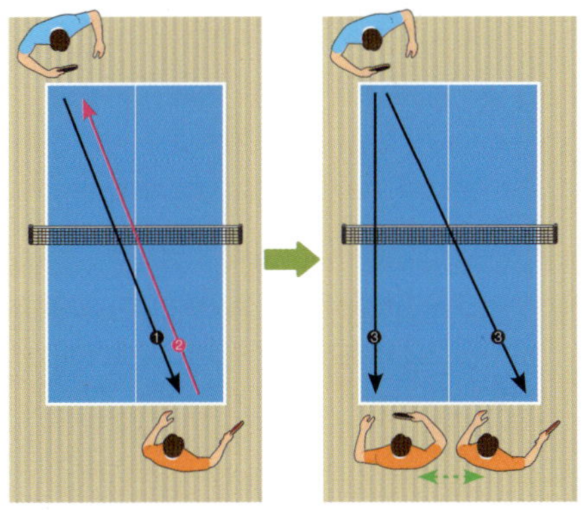

◀-- 사람의 움직임   ◀— 자신이 친 공   ◀— 상대가 친 공

지도자 MEMO

왼손잡이 상대를 공략하는 연습도 필요한데, 연습 상대로 왼손잡이가 없을 때는 오른손잡이 선수가 그 역할을 대신 맡는다. 왼손잡이의 포핸드 서비스(좌횡회전)를 가정하여 오른손잡이 선수는 포어사이드에서 백핸드 서비스를 올 코트로 넣는다. 이후의 백핸드 대 올 코트 양핸드 랠리에서 연습자는 상대의 포어사이드(왼손잡이의 백핸드 쪽)로 계속 타구를 이어간다(오른손잡이 상대는 백핸드 블록으로 받아친다).

토모카즈 선수와 미와 선수가 보내는 당부의 말

강해지기 위해 중요한 것

"할 수 있을 때까지 한다. 포기하지 말고 반복해서 한다" (하리모토 토모카즈)
강해지려면 역시 '꾸준함'이 중요합니다. 줄곧 같은 연습만 하면 질릴 때도 있지만, 스스로 옳다고 생각하는 연습이라면 설령 경기에서 결과가 좋지 않더라도 믿고 반복해 주세요.

새로운 기술을 습득하려고 할 때, 몇 번이나 연습해도 능숙해지지 않아 포기하거나 일정 수준에 오르면 연습을 그만두는 사람이 있습니다. 그러나 가능할 때까지 시도하고, 경기에 적용할 수 있을 때까지 연습하는 자세가 중요합니다.

"탁구를 진심으로 즐기는 자세가 중요" (하리모토 미와)

중학생이 된 후 한층 실력이 좋아졌다고 느끼는데, 그 이유 중 하나는 진심으로 탁구를 즐기게 되었기 때문이라고 생각합니다. 초등학교 시절에는 '덩달아 오빠를 따라 하는' 마음이 커서, 탁구는 좋아해도 특별히 푹 빠지지는 않았습니다. 그런데 중학생이 된 이후 조금씩 탁구의 재미를 알게 되었고, 연습할 때도 '이렇게 해보자!', '이런 훈련을 하자!'는 등 예전보다 긍정적으로 임하게 되면서 실력도 향상되었습니다.

제 9 장

그 밖의 테크닉&메뉴

복식과 커트, 롱핌플 기술, 게임 연습 등 다양한 기술 및 연습을 소개한다.
커트 대응, 롱핌플 대응이 미숙한 선수를 위한 대처 연습도 소개한다.

복식의 풋워크(포어사이드)

시간　5분
난이도　초급

목표　복식(오른손잡이 선수끼리 페어)의 기본 풋워크 연습. 포어사이드에서 타구하고 포어사이드로 피하면서, 파트너 뒤로 돌아 들어가는 동작을 익힌다.

상회전 공을 포핸드 쪽으로 송구하고, 두 선수가 차례로
타구한다(오른쪽으로 돌아서 이동)

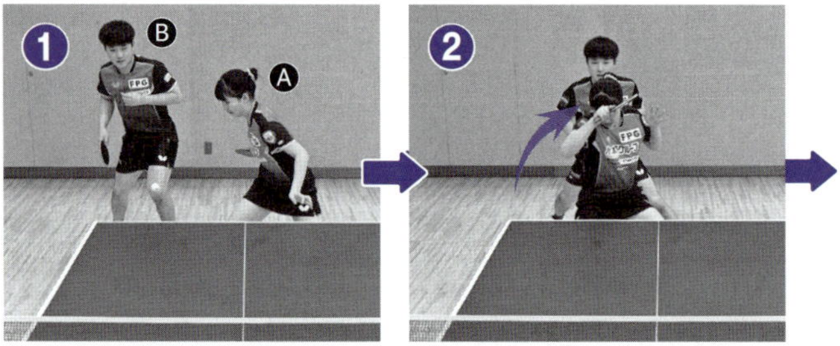

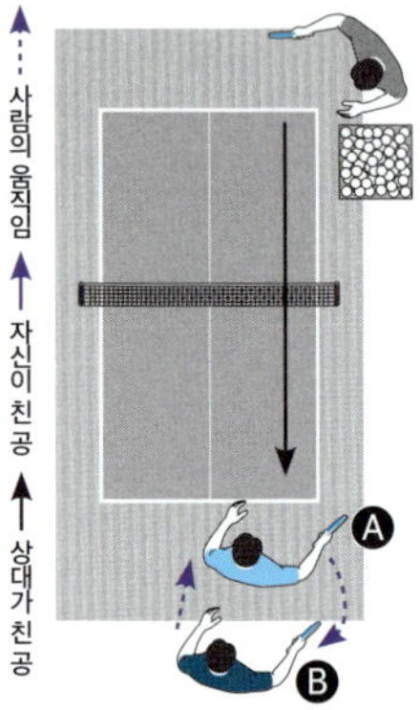

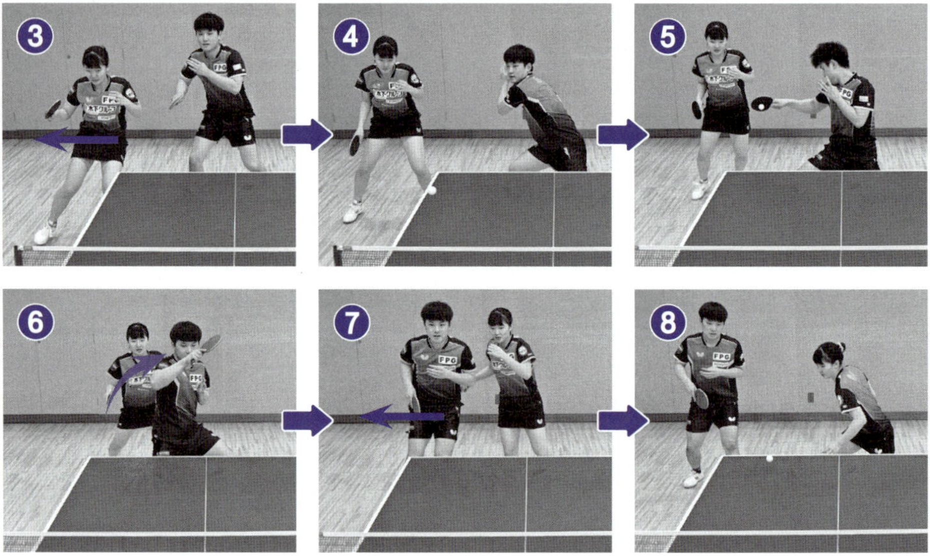

조언

포어사이드에서 타구한 경우, 파트너에게 방해가 되지 않도록 재빨리 포핸드 쪽으로 피하는 것이 기본이다. 그 뒤에는 파트너의 후방으로 이동해서 자신의 다음 타구에 대비한다. 복식에서는, 피한 뒤 기본 포지션으로 돌아오기까지를 한 세트로 생각하고 움직이자.

MENU 172

복식의 풋워크(백사이드)

시간　5분
난이도　초급

목표　복식(오른손잡이 선수끼리 페어)의 기본 풋워크 연습. 백사이드에서 타구하고 백사이드로 피하면서, 파트너 뒤로 돌아 들어가는 동작을 익힌다.

상회전 공을 백핸드 쪽으로 송구하고, 두 선수가 차례로 타구한다(왼쪽으로 돌아서 이동)

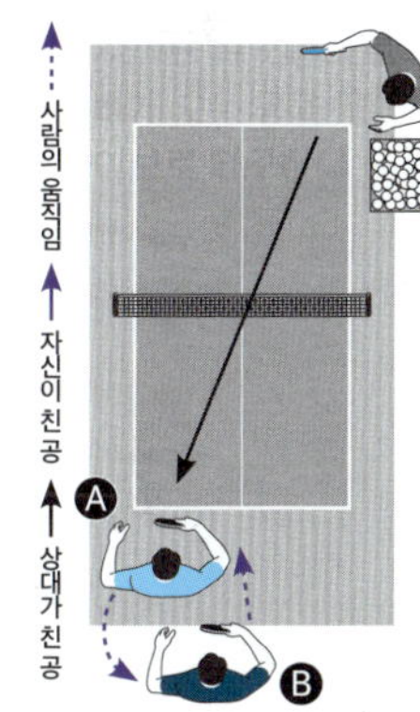

조언

백사이드에서 타구한 뒤에는 백핸드 쪽으로 피한다. 두 선수는 왼쪽으로 돌아서 이동하며, 포어사이드에서 타구했을 때와는 반대로 움직인다. 파트너 뒤로 돌아가는 것이 중요하니 꼭 기억하자. 위의 사진 ❺~❽에서도 미와 선수(A)가 타구한 뒤 토모카즈 선수(B)의 뒤쪽으로 돌아가 다음 타구 준비를 하고 있다.

다구 연습/복식

복식의 풋워크(올 코트 랜덤)

시간 5분
난이도 중급

목표 복식(오른손잡이 선수끼리 페어)의 풋워크 연습. 올 코트로 오는 공을 양핸드로 타구하면서 실전에 가까운 풋워크를 익힌다.

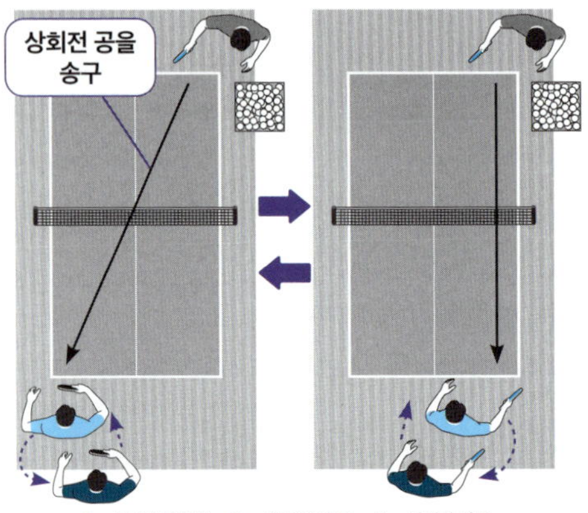

송구자가 상회전 공을 올 코트로 보내면 두 선수가 양핸드로 타구한다

조언 메뉴 171과 172의 동작을 기억하면서 올 코트 양핸드 연습을 진행한다. 파트너의 위치에 따라 평소처럼 오른쪽으로 돌아 이동하거나 왼쪽으로 돌아 이동하는 동작이 어려울 수 있으므로, 파트너의 위치를 확인하면서 방해가 되지 않도록 움직이자.

COLUMN

복식은 오른손잡이&왼손잡이 페어가 유리

보통 탁구에서는 오른손잡이 선수끼리의 페어(이하 오른손 페어)보다 왼손잡이&오른손잡이 페어(이하 좌우 페어)가 더 유리하다. 좌우로 돌면서 움직이는 오른손잡이 페어는, 두 선수의 동작이 겹치기 쉬운 데다 파트너가 자기 눈앞을 가로지르기 때문에 상대가 잘 안 보이는 단점이 있다. 하지만 좌우 페어의 경우, 서로 자기 백사이드를 기본 포지션으로 하면서 움직이므로 동작이 거의 겹치지 않아 서로 호흡을 맞추기가 쉽다(아래 그림).

2023년 전일본선수권 남자 복식에서 우승한 하리모토 카즈야/모리조노 마사타카 페어도 오른손잡이&왼손잡이 조합이었다.
※2023년 1월 28일 촬영

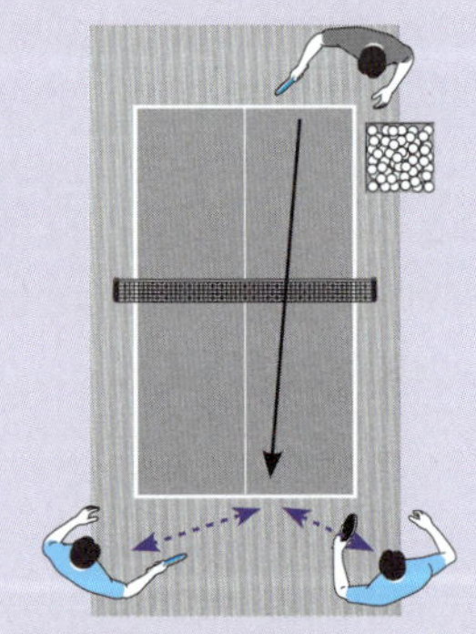

MENU 174

(다구 연습/복식)

복식의 풋워크(하회전에 대응하는 드라이브)

시간	5분
난이도	중급

목표 메뉴 173의 하회전에 대응하는 양핸드 드라이브 버전. 복식 풋워크를 하면서 빠르게 움직이고, 정확히 드라이브한다.

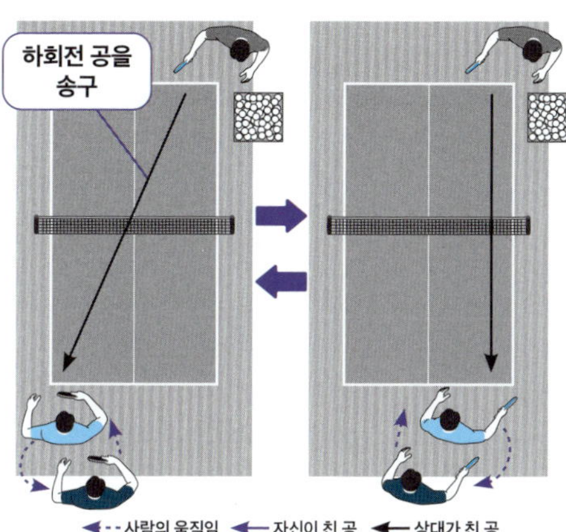

송구자가 하회전 공을 올 코트로 보내면 두 선수가 양핸드로 타구한다

☑ **CHECK!** 난이도를 한층 더 높여 풋워크 훈련을 할 때는, 백핸드 드라이브를 제외하고 포핸드 드라이브만으로 올 코트를 대응하는 규칙으로 진행한다.

MENU 175

(다구 연습/복식)

복식의 풋워크(공 길이에 따른 대응)

시간	5분
난이도	상급

목표 메뉴 174에 짧은 하회전 송구도 추가한 버전. 상대 타구를 재빨리 판단하여 긴 공과 짧은 공 중 어느 쪽이 와도 공격적으로 받아칠 수 있도록 한다.

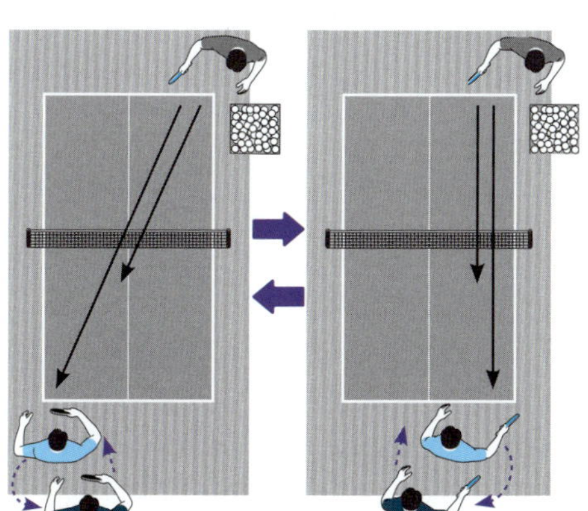

송구자가 길거나 짧은 하회전 공을 올 코트로 보내면 긴 공은 드라이브, 짧은 공은 테이블 위 테크닉으로 받아친다

조언 🔊

송구자의 라켓 움직임을 잘 살펴서 최대한 빠르게 공의 길이를 판단한다. 짧은 공이 왔을 때는 재빨리 앞으로 나가는 것이 중요하다. 타구한 뒤에는 자신의 다음 타구를 준비하며 파트너의 후방으로 빠르게 움직이자.

(다구 연습/복식)

복식의 리시브

시간 5~10분
난이도 중급

목표 복식에서 리시브할 때 많이 사용되는 스톱이나 플릭 등 각 기술의 정확도를 높인다. 드라이브 리시브도 연습하여 상대의 긴 서비스를 공격할 수 있도록 한다.

복식의 리시브 ① 스톱 기술 해설 118-119p 메뉴 126, 127 참고

조언

복식에서의 스톱은 상대의 백사이드 앞을 공략하는 것이 포인트다. 포어사이드 앞으로 공이 뜨면 강타당하기 쉽지만, 백사이드 앞이라면 상대도 치고 들어오기 어려워 강타당하지 않는다.

복식의 리시브 ② 푸시 기술 해설 42-43p 메뉴 032, 033 참고

조언

느슨한 푸시는 공략당하기 쉬우므로, 푸시로 리시브할 때는 상대 코트의 깊은 곳(엔드 라인 가까이)을 노려 공격적으로 타구한다. 상대에게 들키지 않도록 스톱과 같은 준비 동작으로 들어가는 것이 포인트인데, 스윙을 작게 하면서 순간적으로 힘을 더하면 공이 더욱 예리해진다.

복식의 리시브 ③ 플릭　기술 해설 116-117p　메뉴 124, 125 참고

복식의 리시브 ④ 치키타　기술 해설 120-121p　메뉴 128 참고

복식의 리시브 ⑤ 드라이브　기술 해설 58-61p 메뉴 047, 048 참고

조언

초·중급 수준에서는 상대 서비스가 길게 오는 경우가 많으므로, 긴 서비스를 드라이브로 공격할 수 있게 되면 상당히 유리하게 경기를 이끌어갈 수 있다. 연습할 때는 긴 서비스와 짧은 서비스를 섞어, 공의 길이에 따라 구분하여 대응할 수 있도록 하자.

서비스 연습/복식

복식의 서비스(공 길이 조절)

시간 5~10분
난이도 중급

목표 복식의 서비스를 강화하는 연습. 공의 길이를 자유자재로 조절하면서 최대한 같은 모션으로 서비스를 넣을 수 있도록 한다.

짧은 횡하회전 서비스

※규칙 - 복식에서의 서비스는, 자신의 오른쪽 하프 코트에서 상대의 오른쪽 하프 코트를 겨냥하여 대각선으로 넣는다.

조언

복식의 쇼트 서비스는 너무 짧게 넣지 않는 것이 포인트다. 너무 짧은 공은 네트 가까이에서 강하게 리시브 당하기 쉬우므로, 하프롱(84p 참고)보다 약간 짧은 공을 넣는다. 이때 상대의 포어사이드 공간에 다양한 코스로 타구할 수 있도록 하자. 일반적인 포어사이드 앞뿐만 아니라 테이블 중앙의 센터 라인 부근으로도 공을 넣을 수 있게 되면 상대의 리시브 강타를 막을 수 있다.

긴 횡하회전 서비스

조언

복식에서는 짧은 서비스가 기본이지만, 상대의 치키타 등을 사전 차단하려면 긴 서비스도 필요하다. 다만, 서비스를 길게 넣는다는 걸 상대가 눈치채면 드라이브로 공격당할 수 있으므로, 준비 및 타구까지의 동작을 최대한 짧은 서비스를 넣을 때와 똑같이 하는 것이 좋다.

MENU 178

(랠리 연습/복식)

복식의 3구째 공격(오른손잡이&오른손잡이 페어)

시간 5~10분
난이도 중급

목표
복식에서 3구째 공격 강화를 목표로, 2대1로 진행하는 랠리 연습. 3구째는 포핸드 드라이브, 백핸드 드라이브, 돌아서서 포핸드 드라이브의 세 가지 기술을 코스별로 타구할 수 있도록 하자.

[돌아서서 포핸드 드라이브하는 경우]

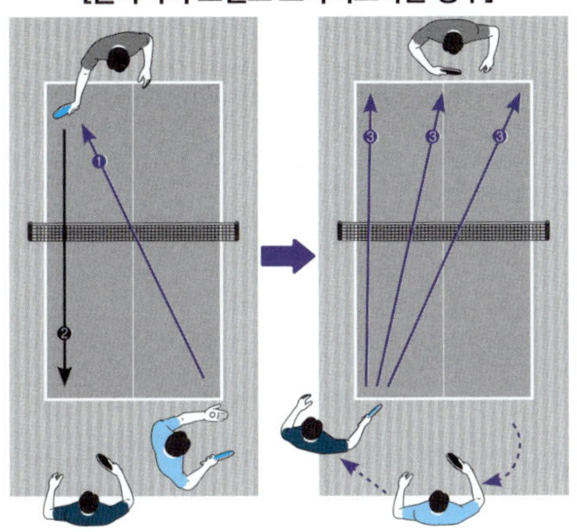

하회전 서비스 후 3구째 드라이브

복식 파트너가 하회전 서비스를 넣고 상대가 푸시로 리시브하면, 이를 3구째 드라이브로 공격한다. 3구째 공격은 포어사이드에서의 포핸드 드라이브, 백사이드에서의 백핸드 드라이브, 백사이드로 돌아서서 포핸드 드라이브의 세 종류 연습을 진행한다. 드라이브별로 상대의 포어사이드, 미들, 백사이드의 세 가지 코스를 공략한다.

MENU 179

(랠리 연습/복식)

복식의 3구째 공격(오른손잡이&왼손잡이 페어)

시간 5~10분
난이도 중급

목표
메뉴 178의 좌우 페어 버전. 세 종류의 드라이브를 세 가지 코스로 정확히 구분하여 타구한다.

[오른손잡이가 서비스, 3구째 백핸드 드라이브하는 경우]

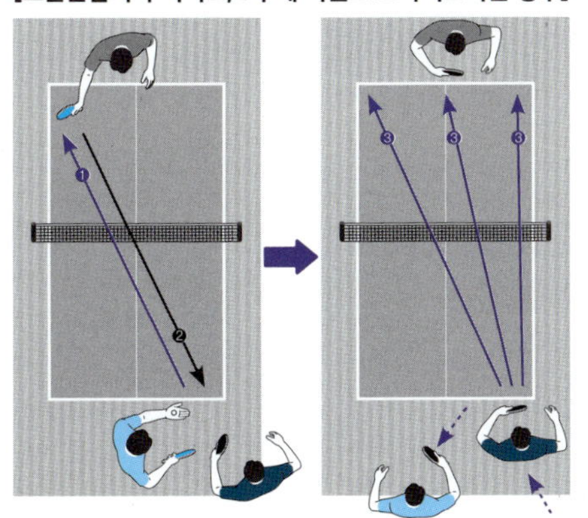

하회전 서비스 후 3구째 드라이브

연습 방법은 메뉴 178과 같다. 오른손잡이가 서비스를 넣는 패턴, 왼손잡이가 서비스를 넣는 패턴을 모두 진행한다.

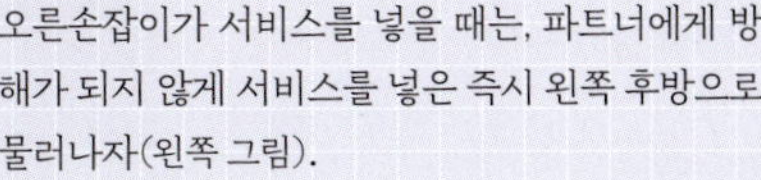

조언

오른손잡이가 서비스를 넣을 때는, 파트너에게 방해가 되지 않게 서비스를 넣은 즉시 왼쪽 후방으로 물러나자(왼쪽 그림).

랠리 연습/복식

복식의 시스템 연습(서비스 후 전개)

시간 5~10분
난이도 상급

목표 메뉴 178에 5구째도 추가한 시스템 연습. 서비스를 넣은 뒤 5구째로 넘어가기까지의 풋워크를 익힌다.

하회전 서비스→3구째 돌아서서 드라이브→5구째 백핸드

①

②

③

④

⑤

⑥

✕ NG

초급 수준에서 흔히 발생하는 실수는 서비스를 넣은 뒤 그대로 포어사이드에서 대기하여 백사이드로 들어오는 다음 타구에 제대로 대응하지 못하는 것이다(오른쪽 사진). 이러한 문제를 해결하기 위해서라도 5구째를 백핸드로 타구하는 연습을 실시하여 습관적으로 제자리에 복귀할 수 있도록 하자.

MENU 181

(랠리 연습/복식)

복식의 시스템 연습(리시브 후 전개)

시간　5~10분
난이도　상급

목표 리시브 후의 전개를 강화하기 위한 시스템 연습. 상대가 3구째에서 공격하면 4구째에서 블록으로 수비한 뒤 공격으로 전환하는 패턴을 익힌다.

푸시 리시브→4구째 백핸드 블록→
6구째 백핸드→8구째 포핸드 드라이브

조언 🔈

단식과 마찬가지로 복식에서도 상대에게 공격당하는 전개를 강화할 필요가 있다. 여기서는 8구째까지 연결하여 마지막에 포핸드 드라이브로 공격하는 랠리 전개를 소개한다.
복식의 시스템 연습으로 메뉴 180과 181에서 두 가지 패턴을 소개했는데, 이는 어디까지나 하나의 예다. 다른 상황도 나올 수 있으므로, 각 페어의 특징과 과제를 고려하면서 필요한 패턴을 반복하여 연습하자.

① 푸시 리시브

②

③ 백핸드 블록

④

⑤ 백핸드

⑥

⑦ 포핸드 드라이브

기술/커트

포핸드 커트

시간　5~10분
난이도　초급

기술 해설　라켓을 위에서 아래로 내려쳐 스윙하고, 상회전 공을 하회전으로 받아치는 기술. 커트형 선수의 메인 테크닉으로, 보통은 테이블과 떨어진 위치에서 사용한다.

① 몸을 오른쪽으로 비틀면서, 라켓을 높이 들고 공을 끌어당겨 친다

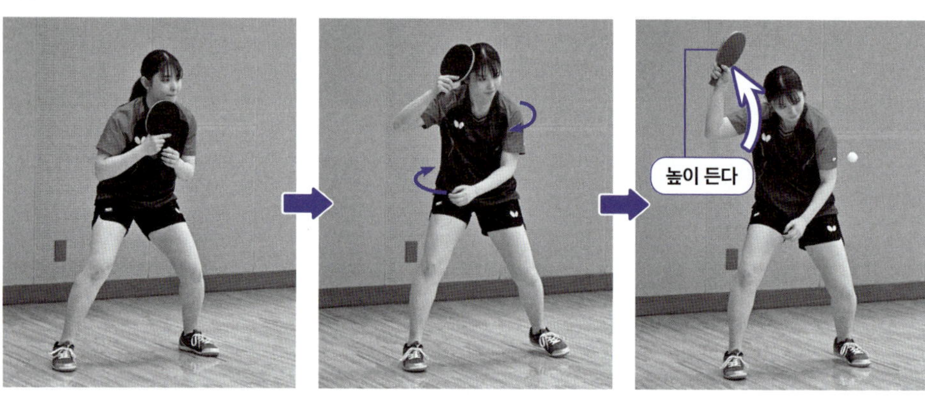

② 라켓을 내려쳐 스윙하고, 공의 뒤쪽을 맞히며 받아친다

☑ CHECK!

백스윙할 때 라켓을 높이 든다(낮으면 상대의 회전에 밀리므로). 앞이 아니라 사선 아래로 라켓을 내려쳐 스윙한다. 왼쪽 무릎을 향해 스윙하는 느낌으로 실시한다.

조언

손으로만 스윙하지 말고, 백스윙할 때 상반신을 비튼 다음 몸 전체를 써서 스윙하자.

MENU 183

백핸드 커트

시간	5~10분
난이도	초급

기술 해설

하회전을 걸어 받아치는 커트의 백핸드 버전. 라켓을 얼굴 옆까지 올린 다음 내려치듯 스윙하면서 타구한다.

① 몸을 왼쪽으로 비틀면서 라켓을 올려 얼굴 옆까지 끌어당긴다

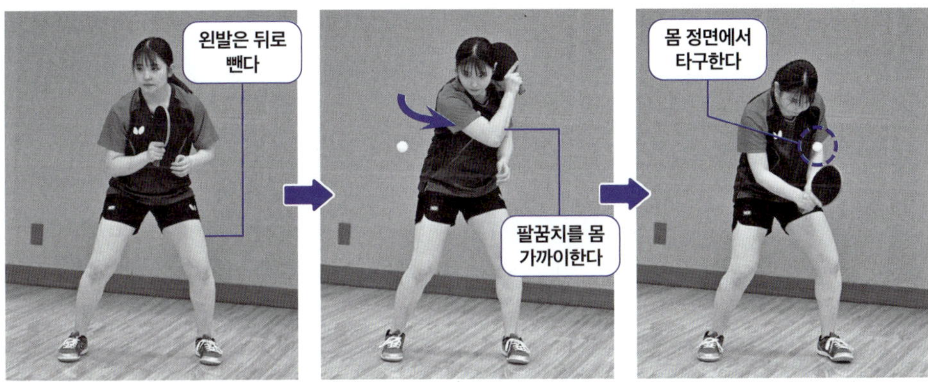

② 팔꿈치를 뻗듯이 아래 방향으로 스윙하며 하회전을 건다

☑ CHECK!

오른쪽 팔꿈치를 몸 가까이 당기면서 라켓을 높이 올려 백스윙한다. 앞쪽이 아니라 사선 아래로 라켓을 내려치듯 휘두른다. 오른쪽 무릎을 향해 스윙하는 느낌이다.

조언

백핸드 커트는 왼발을 뒤로 뺀 상태에서 타구한다. 상반신을 왼쪽으로 비틀고 몸의 정중앙에서 공을 잡아내자.

MENU
184

(다구 연습/커트)

커트 전환(1개씩)

시간 5~10분
난이도 중급

목표 커트의 기본 연습. 포핸드 커트와 백핸드 커트를 정확히 구분하여 치면서 좌우로 이동하는 움직임도 익힌다.

송구자가 양사이드로 공을 보내면, 포핸드 커트와 백핸드 커트로 받아친다

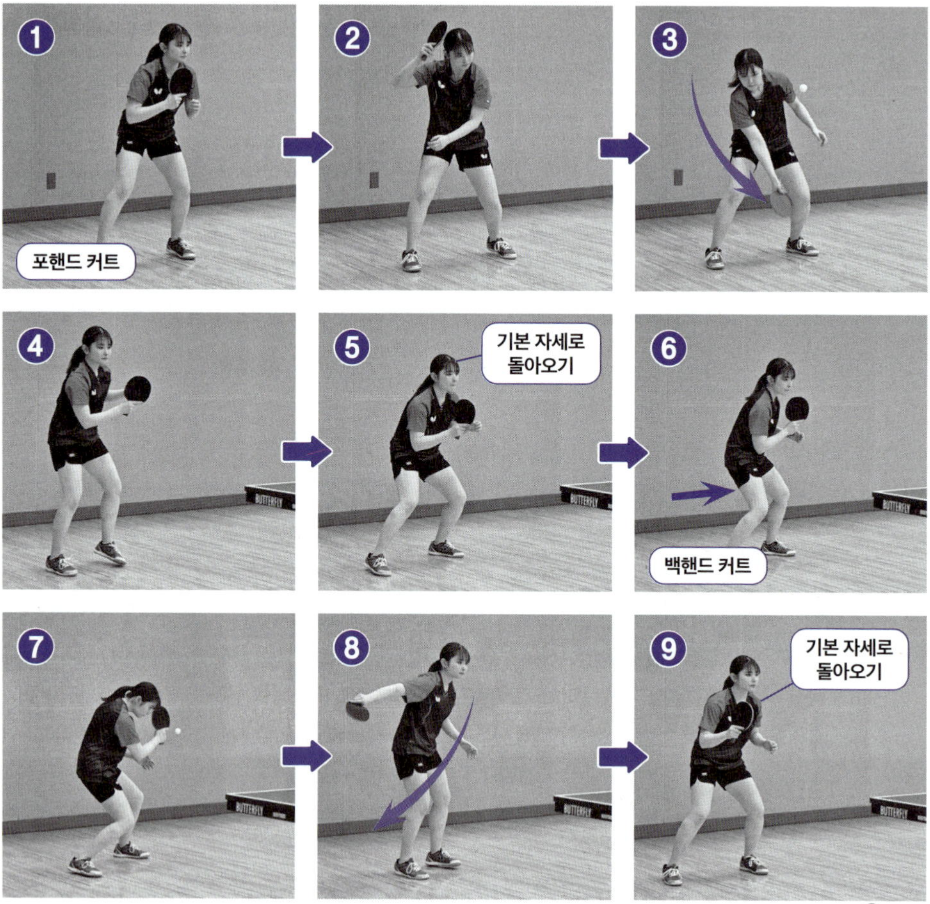

☑ **CHECK!**

백스윙할 때 라켓을 높이 올리고 공을 끌어당긴다.

조언

타구 후에는 곧바로 기본 자세로 돌아와, '어디로 공이 와도 대응할 수 있는 상태'를 유지하는 것이 중요하다. 좌우 어느 한쪽으로 공이 올 때는 정확히 발을 움직이고, 손만 따라가지 않도록 주의하자.

MENU 185

다구 연습/커트

포핸드 푸시→백핸드 커트

시간　5~10분
난이도　중급

목표
커트형 선수에게 필수인 전후 풋워크를 강화하는 연습. 앞에서 뒤로 재빨리 물러나는 발동작을 익히고, 앞뒤로 공이 올 때의 대응력을 기른다.

포핸드 푸시(전진)와 백핸드 커트(중·후진)를 교대로 반복한다

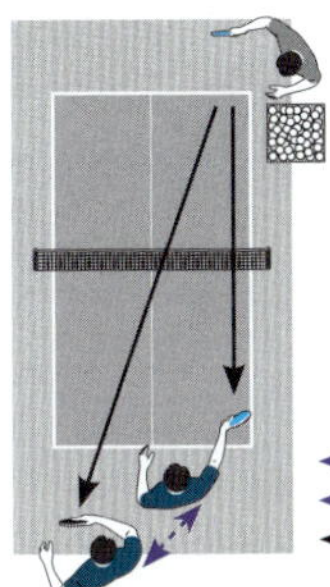

송구자는 포어사이드 쪽으로 하회전, 백사이드 쪽으로 드라이브를 보낸다. 연습자는 앞뒤로 움직이면서 포핸드 푸시와 백핸드 커트로 각각 받아친다.

조언
푸시한 뒤 후방으로 물러날 때는 내디딘 오른발로 바닥을 차며 뒤로 물러나는 것이 포인트다. 다만, 푸시할 때 오른발에 너무 체중을 실으면 복귀하기 힘들어지므로 주의하자.

(다구 연습/커트)

백핸드 푸시→포핸드 커트

시간　5~10분
난이도　중급

목표　메뉴 185의 역방향 버전. 전후 풋워크를 익혀서 백핸드 푸시 후에 포어사이드로 공격하는 전개를 강화한다.

백핸드 푸시(전진)와 포핸드 커트(중·후진)를 교대로 반복한다

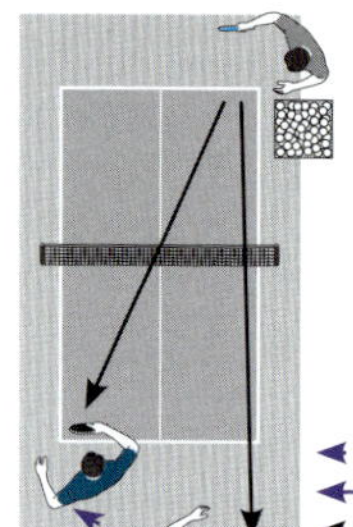

송구자는 백사이드 쪽으로 하회전, 포어사이드 쪽으로 드라이브를 보낸다. 연습자는 앞뒤로 움직이면서 백핸드 푸시와 포핸드 커트로 각각 받아친다.

조언　커트할 때 라켓 위치가 낮아지면 상대의 속공에 대응할 수 없다. 백스윙할 때 라켓을 높이 올리는 것에 집중하자.

MENU 187

다구 연습/커트

커트 전환 후 랜덤으로 미들

시간 5~10분
난이도 중급

목표 경기에서 커트형 선수가 많이 공략당하는 미들의 공에 대응하기 위한 연습. 언제 미들로 공이 올지 모르는 상황을 만들어 실전 대응력을 기른다.

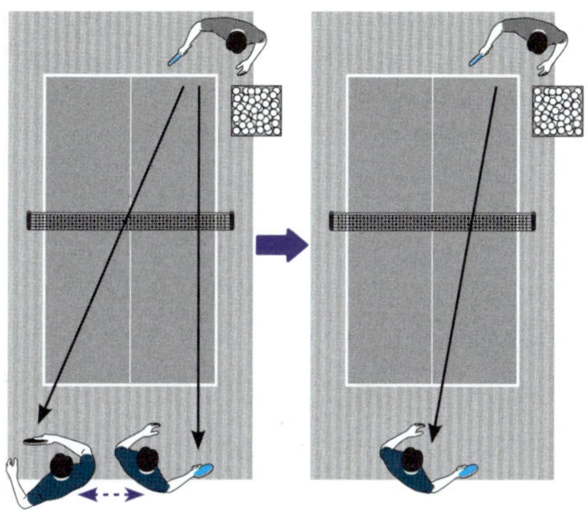

포핸드&백핸드 커트 전환 중에 돌연 미들로 오는 공에 대응한다

조언

커트형 선수는 보통 미들을 공략당하므로 대책 연습이 필요하다. 우선은 타구 후 곧장 기본 자세로 돌아오는 것이 중요하다. 미들로 공이 왔을 때 제때 풋워크를 하면 좌우로 움직이며 평소 자세로 받아칠 수 있지만, 그러지 못했을 경우에는 포핸드 커트는 오른발, 백핸드 커트는 왼발을 뒤로 물러서며 앞에 공간을 확보하고 공을 치자.

MENU 188

다구 연습/커트

올 코트 푸시 후 랜덤 커트

시간 5~10분
난이도 중급

목표 메뉴 185와 186에 랜덤 요소를 추가한 연습. 푸시 랠리 중 드라이브로 공격당하는 전개에서 안정적으로 커트할 수 있게 한다.

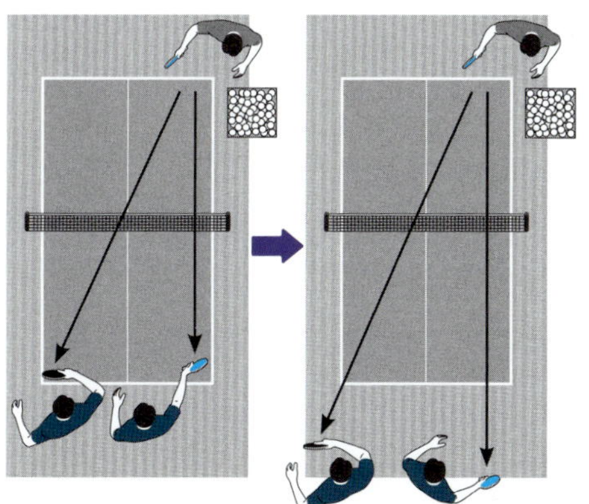

올 코트로 오는 하회전 공을 푸시로 받아낸 다음 푸시 랠리 중에 돌연 올 코트로 오는 드라이브를 커트로 처리한다

조언

푸시할 때 중요한 점은 타구 후 기본 자세로 돌아오는 것과 공이 아닌 상대의 라켓을 주목하는 것이다. 상대가 드라이브 자세를 잡으면 재빨리 뒤로 물러나 커트 준비에 들어간다. 판단이 빠를수록 커트의 안정성도 높아진다.

커트→스매시(루프 드라이브 대응)

시간　5~10분
난이도　중급

목표　커트 랠리에서 공격으로 전환하는 전개를 강화하는 연습. 공의 회전량을 중시한 포물선 드라이브(루프 드라이브)에 대응하는 포핸드 스매시의 안정성을 높인다.

스피드 드라이브에 대응하는 포핸드 커트와 루프 드라이브에 대응하는 포핸드 스매시를 교대로 진행한다

①

②

③

④

⑤

⑥

☑ CHECK!

커트는 라켓을 높이 들어 백스윙한다. 커트 후에는 재빨리 기본 자세로 돌아와 상대를 본다.

지도자 MEMO

루프 드라이브에 대응하는 스매시는, 자신의 힘으로 공을 날리려고 하지 말고 상대가 보낸 공의 기세를 이용하는 느낌으로 타구한다. 크게 휘두르지 말고 간결하게 백스윙하여 안정감을 유지하자. 여기서는 커트와 스매시 연습을 번갈아 진행하고 있지만, 익숙해지면 루프 드라이브가 오는 타이밍을 랜덤으로 하여 상대의 스윙을 보고 판단한 다음 공격으로 전환할 수 있도록 하자.

(다구 연습/커트)

커트→스매시(푸시 대응)

시간   5~10분
난이도 중급

목표 커트 랠리에서 공격으로 전환하는 전개를 강화하는 연습. 상대의 푸시에 대응하는 포핸드 스매시의 안정성을 높인다.

포핸드 쪽으로 오는 드라이브를 포핸드 커트로 받아내고 상대가 푸시로 높이 돌려주면 스매시로 받아친다

지도자 MEMO

앞으로 나와 스매시할 때는 왼발을 내디딘다. 다만, 커트 위치에서 왼쪽으로 한 걸음만 나가는 것이 아니라 그전에 오른발로 위치를 잡은 뒤 내디뎌야 안정적으로 스매시를 할 수 있다. 처음에는 커트와 스매시를 교대로 연습하다가, 익숙해지면 푸시 타이밍을 랜덤으로 하여 진행한다. 상대의 라켓을 잘 보고 재빨리 판단할 수 있도록 하자.

(랠리 연습/커트&커트)

드라이브 대 커트(포어크로스/백크로스)

시간   5~10분
난이도   중급

목표
드라이브 대 커트로 랠리를 이어가는 기본 연습. 한쪽은 커트 공략(커트에 대응하는 드라이브), 다른 한쪽은 커트의 안정성을 강화한다.

포핸드 드라이브 대 포핸드 커트(포어크로스), 혹은 포핸드 드라이브 대 백핸드 커트(백크로스)로 랠리를 이어간다

조언

서로 공을 치는 코스가 정해져 있지만, 발이 멈추지 않도록 주의하자. 드라이브와 커트 모두 공의 위치에 오른발을 맞추면 포지셔닝이 안정된다.

루프 드라이브의 타구 방법(위쪽으로 스윙) 메뉴 192

랠리 연습/커트&커트

드라이브 대 커트(강약을 구분하여 타구)

시간 5~10분
난이도 중급

목표 빠른 스피드 드라이브와 포물선을 그리는 루프 드라이브를 섞은 드라이브 대 커트 랠리 연습. 드라이브 담당은 타구의 강약을 구분하는 능력을, 커트 담당은 구질이 다른 드라이브의 대응력을 기른다.

스피드·루프 드라이브 대 커트로 랠리를 이어간다

조언 🔊

커트 공략의 기본은 포물선을 그리며 날아가는 루프 드라이브지만, 익숙해지면 빨리 날아가는 스피드 드라이브도 연습하여 모두 구사할 수 있도록 한다. 스피드 드라이브는 전력으로 치면 정확성이 떨어지므로 80% 정도의 힘으로만 치자. 까다로운 공은 무리하게 공격하지 말고 루프 드라이브로 연결하자.

[스피드 드라이브와 루프 드라이브의 차이]

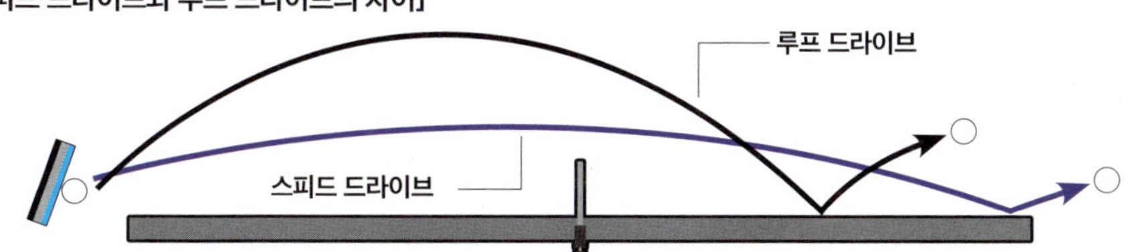

스피드 드라이브의 타법(사선 위로 스윙) 메뉴 192

랠리 연습/커트&커트

포어크로스 랠리→
스트레이트로 코스 변경

시간　5~10분
난이도　상급

목표　크로스로 랠리를 이어가다가 도중에 스트레이트로 코스를 변경하는 연습. 드라이브 담당은 코스를 정확히 구분하여 치는 능력을, 커트 담당은 코스 변화에 대응하는 능력을 강화한다.

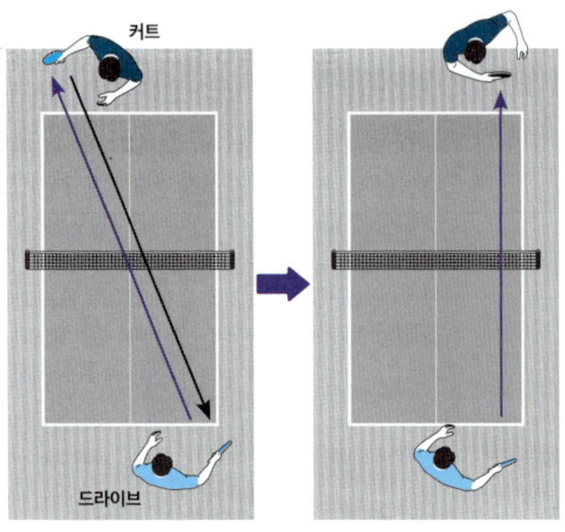

드라이브 대 커트 랠리를 포어크로스로 여러 차례 진행하다가, 돌연 스트레이트로 친 뒤 올 코트로 이어간다

☑ CHECK!

드라이브 담당은 몸의 방향을 바꾸며 크로스와 스트레이트를 구분하여 친다. 커트 담당은 스트레이트로 공이 되돌아왔을 때 손만 사용하지 말고, 백사이드로 발을 내밀며 타구한다.

◀--사람의 움직임　◀ 자신이 친 공　◀ 상대가 친 공

랠리 연습/커트&커트

스톱→드라이브 강타(앞뒤로 흔들기)

시간　5~10분
난이도　상급

목표　커트 대 드라이브 랠리에 스톱을 섞은 연습. 드라이브 담당은 상대를 앞뒤로 흔든 뒤 스피드 드라이브로 공격하는 전개를 강화하고, 커트 담당은 거기에 대응하는 힘을 기른다.

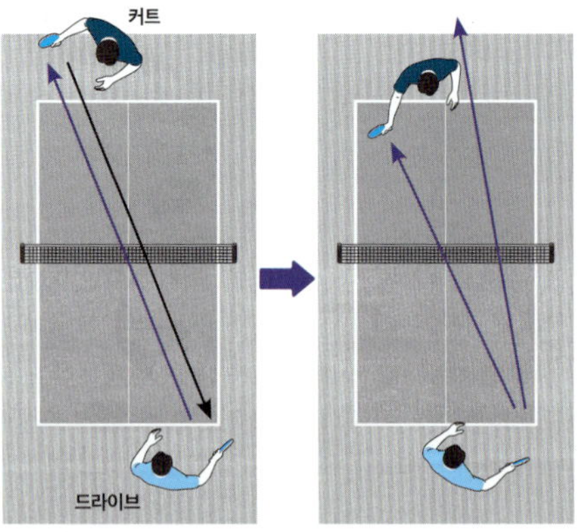

포어크로스로 랠리를 이어가다가, 얕은 커트를 스톱으로 받아낸다. 그다음 상대의 푸시를 스피드 드라이브로 공격한다

조언

스톱은 공이 뜨면 상대에게 공격당하므로, 짧게 치기보다 낮게 리턴하는 쪽을 우선시한다. 그다음 스피드 드라이브는 상대의 미들을 목표로 구사한다. 이때도 80% 정도의 힘으로 신중하게 코스를 공략하는 데 집중하자.

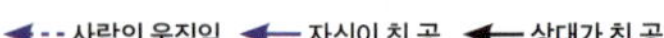
◀--사람의 움직임　◀ 자신이 친 공　◀ 상대가 친 공

（랠리 연습/커트&커트）

쇼트 서비스→3구째 공격

시간　5~10분
난이도　상급

목표　실전을 가정한 서비스, 리시브 후의 전개를 강화하는 연습. 드라이브 담당은 3구째 공격, 커트 담당은 짧은 서비스를 리시브한 후 뒤로 물러나 4구째 커트로 받아내는 전개를 훈련한다.

[짧은 서비스 후 3구째 공격의 경우]

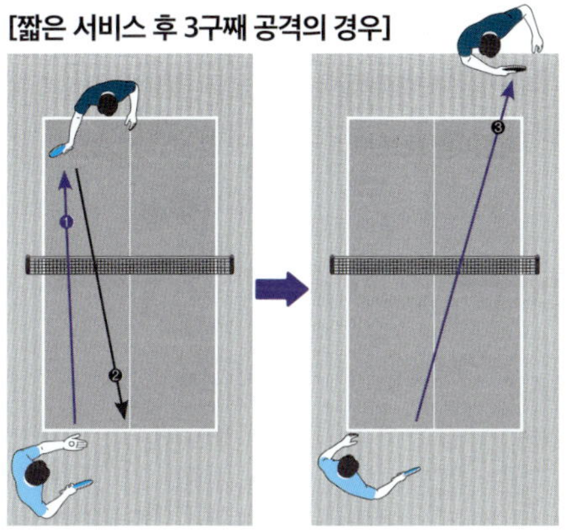

짧은 서비스를 넣은 후 상대의 올 코트 커트 리시브에 대응하며 3구째에 공격한다

드라이브 담당이 짧은 서비스를 넣고, 커트 담당이 올 코트로 리시브하면 이를 3구째에 공격한다. 그 뒤에는 올 코트(자유)로 랠리를 이어간다. 마찬가지로 긴 서비스 후의 3구째 공격도 진행한다.

☑ CHECK!

드라이브 담당은, 가능한 한 빠른 타구 지점에서 3구째 공격을 시도한다.

◄--사람의 움직임　◄─ 자신이 친 공　◄─ 상대가 친 공

（랠리 연습/커트&커트）

스매시에 대응하는 커트

시간　5~10분
난이도　상급

목표　스매시에 대응하는 커트와 재빠른 전후 풋워크를 훈련하는 연습. 상대 입장에서는 뜬 하회전 공에 대응하는 스매시 연습이 된다.

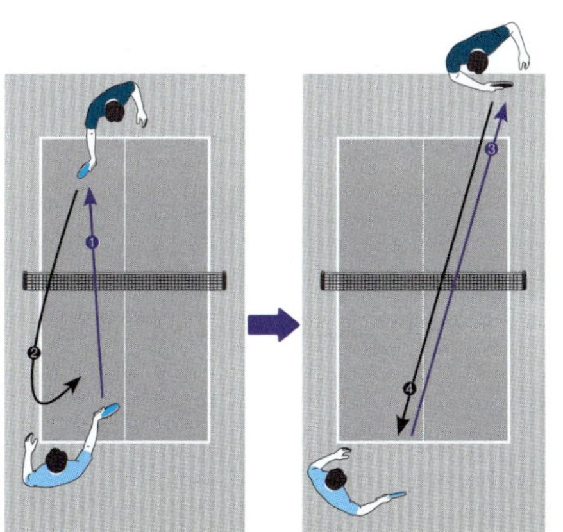

일부러 공을 높이 띄운 다음 상대의 스매시를 커트로 받아낸다

상대가 푸시로 보낸 공을 높이 띄워서 받아낸 후 재빨리 뒤로 물러나 상대의 스매시를 커트로 받아낸다. 그다음 곧장 앞으로 나와 다시 상대의 푸시를 높이 받아낸다(이상 반복).

조언 🔊

커트 담당은 얼마나 빠르게 발을 움직여 뒤로 물러나느냐가 포인트다. 스매시에 대응하는 커트는 무리하게 회전을 걸지 않아도 된다. 당황하지 말고 공을 끌어당겨 천천히 날리는 느낌으로 타구하자.

◄--사람의 움직임　◄─ 자신이 친 공　◄─ 상대가 친 공

기술/롱핌플 테크닉

롱핌플 푸시

시간　5~10분
난이도　중급

기술 해설　롱핌플 러버(돌기가 겉으로 나와 있는 돌출 러버의 일종으로, 그중에서 돌기가 가장 길고 부드러운 러버)의 공격적 테크닉. 하회전 공을 밀어내듯 스윙하여 받아친다. 롱핌플의 성질에 의해, 받아친 공은 상회전이 된다.

셰이크핸드의 백핸드 푸시

펜홀더의 백핸드 푸시

조언　라켓을 거의 수직으로 세운 상태에서 앞으로 밀어내며 스윙한다. 네트에 걸리지 않도록 사선 위로 휘두르는 경우가 많은데, 그러면 공이 높게 떠버리므로 라켓을 곧게 내미는 것이 기본이다. 타구 지점은 공의 바운드 정점 부근으로, 가능한 한 높은 위치에서 맞히자.

기술/롱핌플 테크닉

롱핌플 블록

시간 5~10분
난이도 중급

기술 해설 드라이브에 대응하는 롱핌플의 수비적 테크닉. 평면 러버(러버 표면이 매끄럽고 돌기가 안쪽으로 들어가 있는 러버)의 블록과 달리, 위에서 아래로 내려치듯 스윙하여 하회전을 걸어 받아친다.

셰이크핸드의 백핸드 블록

펜홀더의 백핸드 블록

조언

상대 드라이브의 힘을 흡수하는 느낌이 중요하므로, 라켓을 휘두를 때 공을 앞으로 밀어내지 않도록 주의하자. 또한, 라켓을 수직 아래가 아니라 왼쪽 아래로 휘두르면 공의 비거리를 억제할 수 있어서, 오버 미스가 줄고 안정적인 플레이가 된다.

(랠리 연습/롱핌플 대책)

롱핌플 러버 대 평면 러버의 랠리
(푸시&블록)

시간 5~10분
난이도 중급

목표 롱핌플 러버 대 평면 러버로 진행하는 랠리. 롱핌플 러버 선수는 푸시와 블록 연습, 상대인 평면 러버 선수는 롱핌플 러버의 타구에 대응하기 위한 연습이 된다.

1 평면 러버로 포핸드
(상회전을 상회전으로 받아치기)

2 롱핌플 러버로 블록
(상회전을 하회전으로 받아치기)

3 평면 러버로 푸시
(하회전을 하회전으로 받아치기)

4 롱핌플 러버로 푸시
(하회전을 상회전으로 받아치기)

조언

롱핌플 러버로 타구하면 '회전이 반대가 되는' 성질이 있어, 상회전 공을 치면 하회전이 되고 하회전 공을 치면 상회전이 된다. 롱핌플 러버로 타구할 때 이 성질을 고려하지 않으면 미스를 범하게 된다. 여기서 소개하는 기본 랠리를 반복 연습하여 롱핌플 러버의 리턴에 익숙해지자.

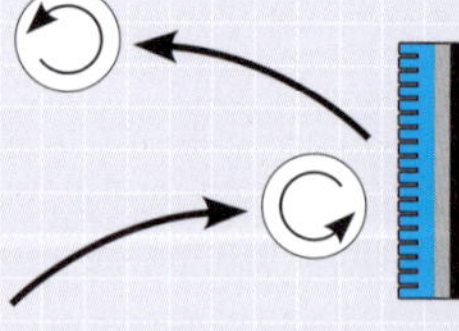

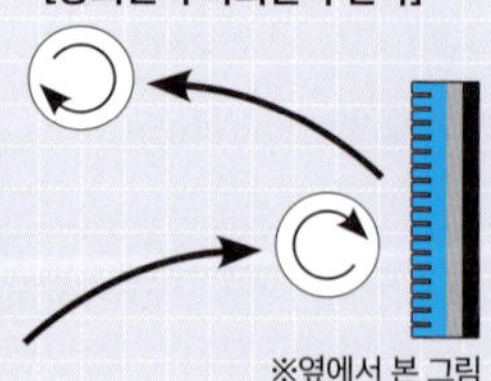

MENU 200

랠리 연습/롱핌플 대책

롱핌플 러버에 대응하는 서비스→ 3구째 공격

시간	5~10분
난이도	중급

목표 롱핌플 러버 선수에 대한 3구째 공격을 강화한다. 자신이 넣은 서비스의 회전이 리시브에서 어떤 회전으로 되돌아올지 예측하면서 서비스 넣는 습관을 들인다.

① 평면 러버 선수가 횡상회전의 롱 서비스를 넣는다

② 롱핌플 러버 선수가 블록 리시브로 받아낸다(공은 횡하회전이 된다)

③ '하회전 대응'으로, 돌아서서 드라이브로 3구째에 공격한다

지도자 MEMO

훈련하는 선수가 롱핌플 러버 선수에 대한 심리적 부담이 있다면 3구째 공격 강화 연습부터 시작한다. 랠리 도중 순간적으로 회전을 판단하기는 어려우나, 서비스에서라면 '상회전을 넣으면 하회전으로 온다', '하회전을 넣으면 상회전으로 온다'는 마음의 준비가 가능하므로 침착하게 공을 칠 수 있다. 또한, 초·중급 수준에서는 긴 리시브가 오기 쉬우므로 공격하기 수월한 롱 서비스 후의 3구째 공격을 추천한다.

3구째 백핸드 드라이브도 동일하게 연습한다.

(게임 연습)

3구째 공격 한정(푸시 금지) 게임

시간 5~10분
난이도 상급

목표 실전에서 3구째 공격을 하지 못하는 선수에게 추천하는 연습 게임. 받아칠 코스를 일찌감치 판단하여 재빨리 공격 준비에 들어간다.

'3구째에 푸시하면 실점'이라는 규칙에 따라 경기를 진행한다

[규칙]
① 실전 형식으로 게임 시작
② 3구째에 공격하지 못한 채 푸시하면 실점

조언

3구째에 푸시하면 실점이므로 적극적으로 공격하게 된다. 상대의 리시브를 잘 살펴서 어디로 받아칠지 빠르게 판단하자.

(게임 연습)

롱 서비스 한정 게임

시간 5~10분
난이도 중급

목표 롱 서비스만으로 진행하는 연습 게임. 서버는 롱 서비스 후 3구째 공격, 리시버는 롱 서비스 대책과 드라이브 리시브를 강화한다.

서로 롱 서비스만으로 경기를 시작한다

[규칙]
롱 서비스만을 사용하여 일반 경기를 시작한다.

지도자 MEMO

어떤 '제약'을 설정해서 경기를 진행하면 과제 연습으로 매우 효과적이다. 그 밖에도 다양한 규칙으로 실시해보자.

(게임 연습)

엘리베이터

시간 10~20분
난이도 초급

목표 승부에 따라 엘리베이터처럼 테이블을 이동하는 연습 게임. 패배하면 아래쪽 테이블로 이동하고, 승리하면 위쪽 테이블로 이동한다.

승리하면 위쪽 테이블, 패배하면 아래쪽 테이블로 이동한다

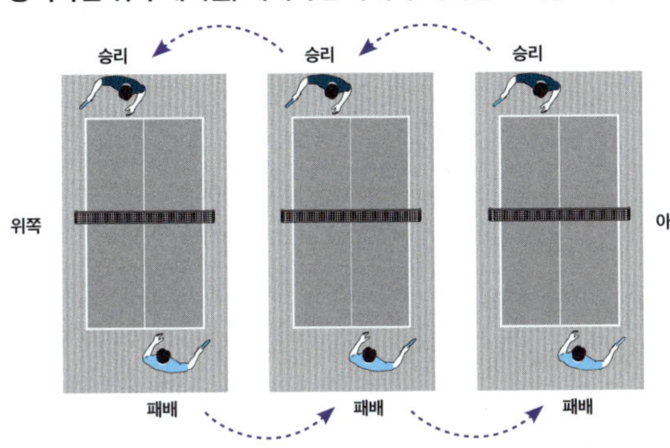

※ 가장 위쪽 테이블에서 이긴 사람, 가장 아래쪽 테이블에서 진 사람은 다음에도 같은 테이블 자리에서 경기를 진행한다.

[규칙]
평소 규칙으로 경기를 진행한다. 승리하면 위쪽 테이블로, 패배하면 아래쪽 테이블로 이동한다.

조언 시간이 없다면 득점을 5대5, 8대8에서 시작해도 된다. 또한 서비스 담당 5점 대 리시브 담당 7점에서 시작하는 방법도 있다.

(게임 연습)

10대10에서 시작하는 단체전

시간 10~20분
난이도 중급

목표 스코어 10대10으로 경기를 시작하여 듀스(11점제에서 10대10인 상황으로, 2점을 더 얻어야 승리) 상황에 강해지도록 한다. 단체전 형식으로 진행하면 한층 긴장감도 고조된다. 실제 대회에서 최대한 힘을 발휘할 수 있도록 긴장감을 가지고 실시하자.

단체전의 각 경기를 10대10부터 진행한다

[규칙]
① 10대10부터 경기 개시 ② 2점 차가 되면 경기 종료

지도자 MEMO

대회에서 이기려면 평소 다양한 전략 유형과 게임 연습을 진행하여, 심리적 부담을 없애는 것이 중요하다. 취약한 유형이 있는 선수에게는, 지도자가 의식적으로 해당 유형과의 경기 전략을 훈련시켜 익숙해지도록 해야 한다. 그러려면 게임 안에 커트형, 비표준형, 왼손잡이 등 다양한 유형의 선수를 배치할 필요가 있다. 마찬가지로 복식 게임 연습에서도 오른손 페어뿐만 아니라 좌우 페어와 시합하는 기회를 의식적으로 만들자.

MENU 205 — 트레이닝

대시

| 시간 | 10분 | 난이도 | 초급 |

목표 단거리를 빠르게 이동하는 대시를 여러 차례 실시하여 하반신과 심장 기능을 강화한다.

여럿이 나란히 서서, 탁구장 끝에서 끝까지 달린다. 등을 돌리고 서 있다가 뒤돌아 대시하는 방법으로도 진행한다.

MENU 206 — 게임 연습

좌우 스텝

| 횟수 | 20회×2세트 | 난이도 | 중급 |

목표 탁구에 필요한 좌우 풋워크를 훈련한다.

펜스를 2m 정도의 간격으로 두 개 설치한다. 각각을 반대쪽 팔로 터치하며 좌우로 움직인다.

MENU 207 — 트레이닝 복근

복근

| 횟수 | 30회×2세트 | 난이도 | 중급 |

목표 스윙에 필요한 복부 주변의 힘을 기른다.

MENU 208 — 게임 연습

더블 점프

| 횟수 | 100회×2세트 | 난이도 | 중급 |

목표 풋워크에 필요한 하반신의 탄력성과 순발력을 강화한다.

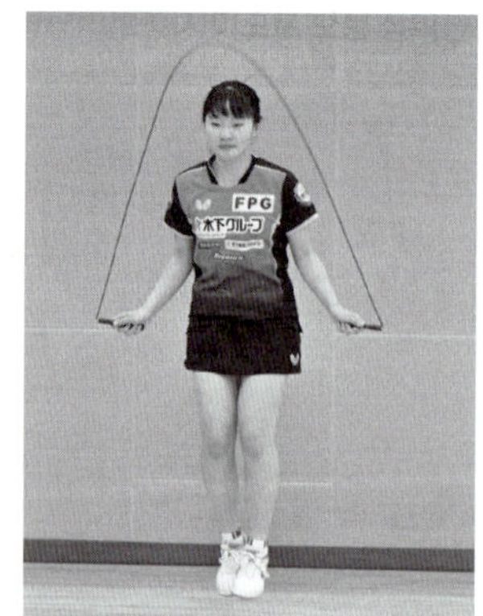

더블 점프를 연속으로 실시한다(불가능한 선수는 평소의 점프 방식대로 해도 된다).

연습 스케줄 구성 방법

2시간을 기준으로, 연습 메뉴를 어떻게 분배할지 소개한다. 어디까지나 하나의 예시이니 팀에 따라 다양하게 응용하여 진행하자.

① 기본 타구(10분)

메뉴 예　011　012　061　064

포핸드와 백핸드를 중심으로 한 기본 랠리. 중급 이상이라면 드라이브 대 블록도 실시한다.

! 기본 타구뿐만 아니라 발의 미세한 조정 등도 신경 쓰자. 발이 멈춘 상태에서 스윙하면 안 된다.

② 풋워크(20분)

메뉴 예　015　017　020

풋워크 연습을 8분 교대로 1회씩 실시한다(교대 시간도 포함해서 약 20분). 전반 4분은 평소의 상회전 서비스부터 시작하고, 후반 4분은 하회전 서비스→푸시→3구째 드라이브로 풋워크를 실시한다.

! 공격의 기점이 되는 하회전에 대한 드라이브를 강화하려면 풋워크나 전환 연습을 하회전 서비스부터 시작하는 방법을 강력히 추천한다.

③ 전환(20분)

메뉴 예　018　021　071　072

포핸드와 백핸드 양쪽을 사용하는 전환을 8분 교대로 1회씩 실시한다. 풋워크와 마찬가지로 후반은 하회전 서비스로 시작한다.

④ 3구째 공격(20분)

메뉴 예　142　143　144　145

서비스 후 3구째에 공격하는 연습을 8분 교대로 1회씩 실시한다. 짧은 하회전 서비스로 시작하는 전개가 메인이며, 종종 롱 서비스로 시작하는 전개도 진행한다.

⑤ 블록(20분)

메뉴 예　099　100　101　102

블록 강화를 목적으로 한 연습. 블록으로 좌우 전환을 번갈아 진행하고, 몇 개쯤 이어갔다면 코스를 랜덤으로 진행한다.

! 자신이 공격하는 상황으로 연습이 치우치는 경우가 많으므로, 의식적으로 수비하는 연습도 실시하자.

⑥ 게임 연습(20분)

메뉴 예　201　202　203　204

실전 형식의 연습. 그날 연습한 기술을 시험한다는 마음으로 플레이하자.

⑦ 서비스(10분)

메뉴 예　113

마지막으로 서비스 연습을 한다. 과녁을 놓고 실시하면 집중력도 향상된다.

※준비 운동과 트레이닝, 휴식은 생략

저자 하리모토 유

중국 쓰촨성 출신. 프로 탁구선수로 활약하다 일본으로 건너가 센다이 주니어클럽(미야기현)의 코치를 시작으로 지도자의 길에 들어섰다. 초등부 일본 최강자를 뽑는 전국 호프스 대회에서 네 번의 우승을 이끌었다. 2018년 전일본선수권대회 일반부 남자 단식에서 하리모토 토모카즈 선수를 우승으로, 2023년 전일본탁구선수권대회 주니어부 여자 단식에서 하리모토 미와 선수를 우승으로 이끌었다. ITTF 스타어워드 '2017 스타코치상'에서 탁구 스타 코치 후보로 선정되었다. 선수 개개인의 최고 기량을 끌어내도록 지도한다는 신념을 바탕으로, 차세대 선수 육성에 힘쓰고 있다.

일본 올림픽 위원회 강화 스텝, 남자 내셔널팀 코치, 남자 주니어내셔널팀 코치, JOC 엘리트아카데미 서포트 스텝, 버터플라이 어드바이저리 스텝으로 활동 중이다.

편집: 오카다 나오코 (뷰기획)
촬영협력: 주식회사 다마스

모델

하리모토 토모카즈

일본 대표. 토모카즈 기획 소속. 2016년 세계 주니어선수권에서 역사상 최연소인 13세의 나이에 단식 우승을 했다. 또한, 2019년에는 역사상 최연소로 세계 랭킹 톱3에 진입했다. 2022년에는 개인 최고 기록인 2위에 올랐으며, 2020년 도쿄올림픽에 출전하여 남자 단체에서 동메달을 획득했다.

하리모토 미와

기노시타아카데미, 기노시타 아비엘 가나가와 소속. 10세에 U15, 다음 11세에 U18 일본 대표로 출전했다. 2023년부터 여자 내셔널팀에 합류하였다. 2021년 12월에 열린 세계유스탁구선수권에서 역사상 첫 4관왕을 달성하는 한편, 2023년 전일본탁구선수권 주니어부·여자 단식에서 우승을 장식했다.

쇼지 유키

센다이 주니어클럽 출신. 아오모리야마다 중고등학교 및 센슈대학을 졸업한 후, 주고쿠 전력 소속으로 활약하다, 현재는 탁구 코치로 활동 중이다. 2013년 전일본학생선수권에서 준우승을 했으며, 2020년 전일본선수권대회에서 베스트 16에 올랐다.

아사노 가즈마

센다이 주니어클럽 출신. 센다이시립 히가시센다이 중학교 및 센다이이쿠에이가쿠엔 고등학교를 졸업했다. 현재(2023년 시점)는 다이쇼대학 탁구부에 소속되어 활동 중이다.

코치와 선수가 함께 활용하는

탁구
연습메뉴
200

1 판 1 쇄 | 2026년 1월 30일
지 은 이 | 하리모토 유
옮 긴 이 | 양지윤
발 행 인 | 김영우
발 행 처 | 삼호북스
등   록 | 2023년 2월 2일 제2023-000022호
주   소 | 서울특별시 서초구 강남대로 545-21 거림빌딩 4층
전자우편 | samhobooks@naver.com
전   화 | (02)544-9456
팩   스 | (02)512-3593

ISBN 979-11-993587-2-0 (13690)